虚拟现实与系统设计

——3D 虚拟街道系统设计攻略

Virtual Realty & System Design

蒋琤琤　著

西安电子科技大学出版社

内 容 简 介

本书通过一个城市道路的虚拟街道系统 CityPlaning 0.1 的设计案例展示了 3D 虚拟现实在系统设计中的应用。系统将通过提供 2D 和 3D 的虚拟现实世界，进行场景的虚拟体验与仿真。通过对现有城市设施，例如照明灯杆、建筑物、绿化、城市家居进行数字建模，从而分析和评价此类设施与新照明技术、无线电通信、安防系统、城市交通噪声控制等基础设施的相互影响，为更安全、更绿色的城市建设提供一个"虚拟现实"评估环境。

本书内容可作为相关设计人员参考实例。

图书在版编目(CIP)数据

虚拟现实与系统设计：3D 虚拟街道系统设计攻略 / 蒋琤琤著. —西安：西安电子科技大学出版社，2018.6

ISBN 978-7-5606-4984-9

Ⅰ. ① 虚…　Ⅱ. ① 蒋…　Ⅲ. ① 城市道路—计算机辅助设计—应用软件

Ⅳ. ① U412.37-39

中国版本图书馆 CIP 数据核字(2018)第 153462 号

策划编辑　陈婷
责任编辑　陈婷
出版发行　西安电子科技大学出版社(西安市太白南路 2 号)
电　　话　(029)88242885　88201467　　邮　　编　710071
网　　址　www.xduph.com　　　　　　电子邮箱　xdupfxb001@163.com
经　　销　新华书店
印刷单位　陕西利达印务有限责任公司
版　　次　2018 年 6 月第 1 版　　2018 年 6 月第 1 次印刷
开　　本　787 毫米×960 毫米　1/16　印　张　6.75
字　　数　111 千字
印　　数　1～1000 册
定　　价　24.00 元
ISBN　978-7-5606-4984-9 / U
XDUP　5286001-1
如有印装问题可调换
本社图书封面为激光防伪覆膜，谨防盗版。

前　　言

　　"虚拟现实"(Virtual Reality，VR)，也可称为虚拟仿真，其诞生虽历史悠久，但真正进入人们的生活却是从 2016 年开始的。产品的出现与发展必须符合时代的特征，当代科技在物联网、人工智能、大数据等方面的发展以及智能终端对于人们生活习惯的改变，使得虚拟现实这一虚幻、炫酷(起码看起来如此)的技术得到了爆炸性的发展，并如智能手机的出现一样彻底改变了人们思考和认识世界的角度。

　　虚拟现实的发展为每一个领域都带来了革新：娱乐、科研、工程以及设计展示等等。从被称为 VR 元年的 2016 年至今，虚拟现实广阔的应用前景使它站到了科技圈的中心。从莫顿·海利希的 Sensorama(1957 年)到 Oculus Rift(2016年)，虚拟现实在这 60 年里随着信息技术的发展也从幕后走到了台前，甚至站到了舞台的中央。它的发展开启了另一个宇宙，信息世界与物理世界相互交叠，亦幻亦真。它无限拓展了人们的空间与时间，让千里之外的世界也触手可及。因此，虚拟现实带来的用户体验是以往的其他技术所无法比拟的。

　　虚拟现实是神奇且强大的，其"魔法"迷人却不易"修行"。想要将其发扬光大、应用自如，则需要内容的挖掘。虚拟现实与设计两个领域都极为强调用户体验的重要性，以及人机交互的自然性。虚拟现实也将改变设计师对于传统设计方法的认知。虚拟现实的世界没有边界，其设计思维和方法都是独特且新奇的。在这个交叠的世界里，从设计流程到视觉表达，都有自己特殊的要求。

　　本文作者从 2010 年起开始接触虚拟仿真系统设计的相关项目，信息与系统设计的交叉背景在项目开展的过程中起了很大的推动作用。本书结合作者设计项目中的实践经验，将其中一个案例进行剖析，从设计定义到功能实现，深度解析了系统设计如何应用虚拟现实达到前所未有的效果。对于想了解虚拟现实的设计师、学生以及想在设计领域进行内容开发的工程师而言，本书都可提供参考与借鉴。

　　本书共分为 6 章，第 1～2 章为设计项目的背景信息介绍以及设计内容定义；第 3 章则通过部分功能的实现来阐述设计项目概念模型的创建；第 4 章对项目的性能与可视化进行了细致的分析；第 5～6 章是系统设计工程中的重要过程文件。由于篇幅所限，很多内容书中无法清晰说明，因此希望读者可通过阅读过程文件对项目具体实施情况有一个更全面的认识。

本书得以出版，要感谢我的导师 Jean-Paul Linnartz 教授，正是他扎实的专业素养以及创新的思维给本项目带来了莫大的支持，他对于收敛算法的意见大大提升了系统的运行速度，改善了用户体验。此外，Jean-Paul Linnartz 教授还积极促成团队与荷兰 Philips 研究与设计部门的合作与交流，提升了项目的可行性。

感谢荷兰埃因霍芬理工大学的研究员吴岩以及博士生王昕，感谢吴岩博士提供的测试平台的数据以及在整个项目过程中给予的指导。王昕对障碍物实现部分给予了莫大的协助，并在此平台基础上加入了工程师所关注的相关功能。

感谢西安电子科技大学出版社的陈婷编辑等人，在本书出版过程中不断给予支持与协助，对于你们负责的工作态度我非常敬仰与感激。

最后，感谢我的同事在工作过程中给予的支持，让我有动力完成本书的编写，并为我提供了宝贵的经验。

作　者

2018 年 4 月

目　　录

第 1 章

设 计 背 景

随着虚拟现实技术的发展，其应用越来越广泛且被大众所熟知与接受。大学的课堂中已经引入了各种类型的虚拟现实实验室，以帮助师生完成在真实环境中成本较大、难度较高的实验操作或者系统验证。博物馆、艺术馆等公共服务展区也因为虚拟现实在视觉、听觉等感官方面的优越性，逐渐将其作为内容展示与传播的重要途径，数字图书馆、智慧博物馆等系统应运而生，让人们足不出户即可享受身临其境的观赏体验。虚拟现实在娱乐方面的应用则更被大众所熟悉，舞台效果、游戏以及互动展览都给我们的生活带来了不一样的视角与体验。

1.1　虚拟现实介绍

在 2014 年以前，如果询问身边的人什么是虚拟现实，相信绝大部分的人都一无所知，但是如果现在问这个问题，很多人都能答得上来，还附带加上它和增强现实 AR(Augmented Reality)、混合现实 MR(Mixed Reality)的区别。虚拟现实，或者称为 VR(Virtual Reality)从 2015 年开始变得火爆，曾一度成为各类新闻、行业的指向，2016 更是被称为"虚拟现实的元年"。其实，虚拟现实所描述的场景在很多电影中已多次出现，我们最熟悉的《黑客帝国》所描述的场景就是在虚拟现实环境中可完美模拟出人的视觉、听觉、嗅觉、味觉和触觉的世界，相信在不久的将来，这一切皆可成为现实。

虚拟现实虽然在我们的生活中属于一种"高、新、尖"的科技产物，但是其起源与发展其实已有很长的时间，最早可以追溯到 20 世纪 50 年代。人类一直以来都在为了创造出想象中的场景而努力，比如绘画、动画以及电影等。1957 年，美国一位名叫莫顿·海利希的摄影师发明了名叫 Sensorama 的设备，他被普遍认为是 VR 设备的鼻祖。这个名为 Sensorama 的设备拥有庞大的体积，它的结构非常复杂，由震动座椅、立体声音响、大型显示器等部分组成，它具有三维显示功能及立体声效果，能够产生震动和风吹的感觉，甚至还会产生气味。但这个设备显示效果差，同时没有追踪功能，因此没有办法提供真正沉浸式的体验，但是尽管如此，它也已经具备了 VR 的雏形。图 1-1 所示为莫顿·海利希的 Sensorama 模拟设备。

图 1-1　莫顿·海利希的 Sensorama 模拟设备

　　20 世纪 60 年代末，年轻的计算机科学家伊凡·苏泽兰(Ivan Sutherland)在哈佛带领他的学生鲍勃·斯普鲁(Bob Sproull)设计出了第一款真正意义上的 VR 头盔。因为这款头盔跟踪用户视线的巨大机械臂必须悬挂在空中，所以它被戏称为"达摩克利斯之剑"，而这款超巨型头盔的第一款应用是一个悬浮在空中的立方体。以现在的眼光来看，这个设备很简陋，且互动性很不理想，因为唯一能和这台设备互动的手段，是双手操作的手柄。但是"达摩克利斯之剑"确实完成了虚拟画面生成、头部位置跟踪、虚拟环境互动以及模型生成等几个要素，因此我们普遍认为它是第一个虚拟现实的原型设备。但是，在那个电子设备都还未普及的年代，这样的新奇想法注定不会成为话题，因此，伊凡·苏泽兰和他的 VR 头盔并没有在那个时代造成大的影响。

　　由此可见，一个集技术与创意的消费级产品的开发与推广必须与当时的社会产业发展阶段相匹配。虚拟现实是一个集合了多种技术的综合性产品，只有当显示屏、处理器、显卡、跟踪器等多个元器件都达到了较高水准的时候才可能产生出可接受的产品，当时的硬件水平与这些要求相去甚远。当虚拟现实设备再次引起科技界广泛关注的时候已经到了 2012 年，而这些就是 Oculus 和创造它的天才少年帕尔默·罗奇(Palmer Luckey)所带来的冲击。帕尔默·罗奇与 Oculus 引爆了整个虚拟现实产业，使其从科研走向了消费者。

Oculus 成立于 2012 年，当年 Oculus 登陆美国众筹网站 KickStarter，总共筹资近 250 万美元。Oculus 的第一款产品诞生于 2012 年，在国际消费电子产品展(Consumer Technology Association，CES)上又推出了第二版原型机 Crystal Cove。截至 2014 年共有超过 10 万个为电子游戏设计的头戴式显示器 Oculus Rift 的开发版交付至 130 个国家和地区的开发者。2014 年的 CES 大会上，Oculus 同时推出了全新的 Oculus Platform，开发者可以实现在虚拟旅游、医疗健康、影视娱乐、在线教育领域的各种虚拟现实的应用。

此外，很多行业的领头者也开始关注并进入虚拟现实领域。Facebook 在 2014 年 7 月宣布以 20 亿美元的价格收购 Oculus，被外界视为 Facebook 为未来买单的举措。在 Facebook 看来，Oculus 的技术开辟了全新的体验和可能性，不仅仅在游戏领域，还在生活、教育、医疗等诸多领域拥有广阔的想象空间。

2014 年 9 月初，三星宣布和 Oculus 合作推出虚拟现实头盔 Gear VR，该设备允许 Galaxy Note 4 用户将其手机直接连接到 Gear VR 头戴式设备。Oculus 希望在虚拟现实的软硬件领域构建一个全新的生态系统，等到消费版产品推出，消费者就可以直接体验到相对完备的内容。Oculus 希望移动和桌面虚拟现实可以形成互补，而非竞争。2015 年，Oculus 正式发布了消费者版 Rift 虚拟现实头显。这款设备于 2016 年初正式上市销售，上市时售价为 599 美元。虚拟现实尽管有巨大的机会，但仍然缺乏一个能够点燃市场的"杀手级应用"。

2018 年 1 月，Facebook 旗下的 VR 企业 Oculus 宣布，将在中国发布一款 VR 设备，合作伙伴为小米公司。Oculus 的此款设备被命名为 Mi VR，本质上与海外市场推出的 Oculus Go 并无区别，是一个独立的 VR 设备。Oculus Go 与 Mi VR 的主要区别是，MiVR 的软件将由小米提供，而 Oculus Go 的软件由 Facebook 提供。同时，Mi VR 和 Oculus Go 都搭载高通骁龙芯片。

虚拟现实技术有 4 个特征，即存在性、交互性、创造性与感知性。

(1) 存在性是指虚拟现实技术会根据人的心理特点和感官体验，通过计算机创造出逼真的环境，最终的效果是可以让用户戴上设备后就有身临其境的感觉，甚至无法辨认真实世界与虚拟世界的区别。

(2) 交互性是指人与机器之间的自然交互，用户最熟悉的与计算机之间的交互工具为鼠标与键盘，而虚拟现实可借助头盔等工具根据使用者的五官感受及运动，调整呈现出来的图像和声音。这种调整是实时的、同步的，使用者可以根据自身的需求、自然技能和感官，对虚拟环境中的事物进行操作。

(3) 虚拟现实的创造性体现在虚拟现实中的环境都不是真实存在的，都是人为设计创造出来的，但同时，又是依据现实世界的物理运动定律而运动的。

(4) 虚拟现实的感知性即其具备了多感知性功能，同时也可创造包括视觉、听觉、触觉等五官感受，使得使用者在虚拟环境中获得多种感知，仿佛身临其境一般。

图 1-2 为 2015 年底在微软全球总部，沃尔沃汽车与微软展示 HoloLens 如何在未来利用混合现实为汽车服务的场景，即 HoloLens 版的沃尔沃轿车展厅，该展厅为消费者创造了定制体验的自由。

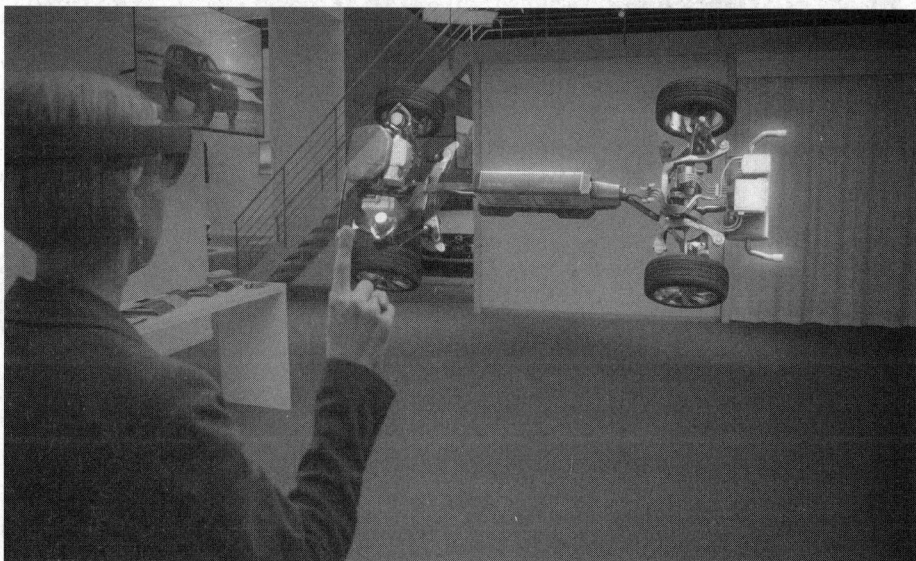

图 1-2　沃尔沃汽车与微软展示 HoloLens 如何在未来利用混合现实为汽车服务

从 2016 年开始，虚拟现实在大众生活当中应用得越来越多。而普通用户接触最多、也最容易接受的包括以下几类。

1. VR 游戏

游戏是 VR 技术最先渗透的领域。因为游戏的初衷就是让玩家在一个非现实的环境中去扮演另一个角色，去经历现实生活所不能带来的体验。因此虚拟现实逼真的沉浸感对于游戏玩家而言简直是欲罢不能。在游戏当中，当玩家戴上 VR 头盔后，他们真的就变成了游戏中的角色，完全沉浸在这 360°的游戏世界中，并以玩家的视角去闯关。VR 技术让很多之前不可能完成的创意也变得简单易行。在 VR 的基础上，增强现实(Augmented Reality，AR)也为游戏产业带来了新的革命。

图 1-3 为 2016 年由任天堂、Pokemon、Niantic Labs 开发的游戏口袋妖怪(The Pokemon Go)的相关场景。口袋妖怪游戏即运用了增强现实的技术，在年轻人中掀起了一股热潮。

图 1-3 利用增强现实的知名游戏口袋妖怪(The Pokemon Go)

2. VR 旅游

旅游是另一个可很好应用虚拟现实技术的产业。当我们无法到一些景点去旅游时，我们可以戴上 VR 眼镜或头盔，来一场说走就走的旅行。周围的场景随你的心意说变就变，想去什么目的地只需要轻轻地动一下手指就可以直接选择。

图 1-4 为到此一游(JUSTBEHERE)网页的虚拟现实旅游场景截图，也是现阶段 VR 旅游较为常见的应用形式。JUSTBEHERE 是由上海云舞网络科技有限公司开发，结合虚拟现实全景视频、旅游资源整合、创新型旅游社交功能以及创新性旅行社团队管理功能的一站式旅游服务平台 APP。该平台具有虚拟现实全景视频，720°真实场景还原，可允许用户自由选择观看视角，全景视频库覆盖全球，无死角感受目的地风景及人文风情。VR 旅游为我们的生活带来了很多可能性与新奇感。

图 1-4　JUSTBEHERE 虚拟现实旅游网站

3. VR 影院

与 VR 影院相比，3D 电影在国内市场已经相当成熟。3D 电影和 VR 电影最主要的区别是交互性。但是虚拟影院在一些特殊的场所已有很好的应用。比如位于洛杉矶的好莱坞环球影城 Universal Studio 中的娱乐项目"变形金刚"，就带着大家体验了一把如置身电影中的感受。2017 年 6 月，全球第一家 VR 影院——国美旗下大中电器北京马甸店开业。这是一家集 VR 游戏、VR 观影于一体的交互式 VR 影院。在 VR 电影中，体验者不再只是观众，而是故事的参与者和创造者，可以站着、躺着、跑着观看电影。此外，VR 电影的开发解放了电影对场地的限制，只要有 VR 设备，电影空间就可以无限拓展，因此，现在我们可以在商场中看到很多 VR 电影的贩卖。

图 1-5 即为商场中 VR 体验馆的蛋形椅，也是 VR 电影体验最常见的形式。

图 1-5　小空间的 VR 影院

4. VR 实验

实验一般需要借助特定的器材，而且需要特定的场所。借助虚拟现实高度的可控性与真实的用户体验效果，教师可以不受场地与实验设备的限制，开展崭新的概念学习、技能训练和协作学习模式。在虚拟技术的帮助下，学生可以开展新知识和专业技能的学习，还可以根据自己的需要、爱好和能力进行兴趣性实验、补偿式实验、验证性实验，从而实现真正的自主学习。此外，学生也可在虚拟的环境中实现角色扮演，从而全身心地融入虚拟学习环境，通过各种技能训练，提高实践能力。此外，由于虚拟的环境没有任何危险，学生可以安全、反复地训练，直到完全掌握。

图 1-6 中展示的是影视剧《神盾特工局》中科学家们进行实验的场景，现有的虚拟现实实验室虽然暂时无法做到像场景中一样裸眼 3D + 自然交互，但是依靠头显等设备，实验者已经可以利用虚拟现实内容进行大量实验。

图 1-6　影视剧中的虚拟现实实验室场景

5. VR 社交

近两年，VR 的发展除了头显等硬件设备升级之外，开始更加注重内容的输出，虽然 VR 硬件还有很大发展空间，但依旧明显感到了内容缺乏导致的销量阻力。随着微软宣布收购 AltspaceVR 后，Oculus 公司第四届年度开发者大会 (Oculus Connect 4，OC4)中，FacebookSpaces 等 VR 社交平台再次引起大家关注。在 2017 年的虚幻引擎开发技术分享日 Unreal Open Day 上，国内社交巨头腾讯也首次公开了旗下 VR 社交产品——Solar VR 的开发心得和展示。虽然距离 Solar VR 与大众正式见面还比较远，但其以轻娱乐为核心、用户原创内容 (User Generated Content，UGC)、主打移动端的特性已经初现端倪。

FacebookSpaces VR 社交平台正因其出自名门，因此也备受关注和期待。实际上，这是一款卡通化虚拟社交平台，虚拟场景中大家围绕在一起进行交流，VR 自拍、VR 直播等。与其他 VR 社交软件最大的不同是，SpacesVR 拥有丰富的虚拟人物设定选项，包括发型、肤色、眼睛形状和颜色、鼻子、耳朵、眉毛等，目的就只有一个，让虚拟中的人物更接近现实中的人物。另外，还可使用真实头像自动生成虚拟头像显示，且虚拟人物旁还显示用户 Facebook 账户头像进一步确认身份。

其实，除了以上这些普通用户平常就能接触到的内容，虚拟现实也在一些更专业的领域默默地影响着我们的生活，慢慢改变着人类的工作与生活方式。在户外空间的规划中，我们可应用虚拟现实工具进行更好的社区空间设计、大型赛事筹备以及设施的设计与仿真。

1.2　优秀的城市规划与设计的决定因素

随着城市的快速扩张，建筑以及城市规划与设计显得尤为重要。一个优秀的城市规划取决于以下三个方面。

1. 节约能源（Energy Conservation）

能量消耗是一个全球性的问题，且随着城市的扩展以及科技的发展，问题将越来越严峻。长期以来中国的城市大多走的是一条高增长、高消耗、高排放的粗放型发展道路。随着城市化进程的加快，大规模人口聚集到城市，巨大的城市基础设施和住宅需求，急剧增加了对能源的消耗，特别是对碳基资源的消耗。尽管目前的能源储备能满足当代城市发展的能源需求，但不可避免地成为影响和限制城市可持续发展的因素，城市"碳锁定"已经成为突出的现实问题。

首先，"高碳"型碳基能源成为制约中国城市可持续发展的重要因素，包括能源供给、能源结构及能源利用效率等。中国的煤炭储备占到全球的 33.8%，石油储量占全球的 4%，天然气储量占到全球的 2%，靠这些能源储备需要推动 21% 左右的全球人口的城市化进程。中国的总体能源利用效率在 33%，低于发达国家 10% 左右。在城市化进程中，"富煤贫油少气"的能源资源结构，毫无疑问导致了城市高碳排放；其次，中国快速的城市化和巨大能源需求，成为了阻碍城市可持续发展的重要障碍。在过去的三十多年中，中国城市总数翻了三番，城市化率的年增长率为 1%，城市在不断扩展，大量非农人口转移到城市，无疑城市能源消费会不断上涨。高碳基能源消费的增加必然对资源和环境产生巨大的压力。中国作为发展中国家，目前国家正处在高速城市化、工业化和市场化过程中，如何兼顾经济发展，又能缓解经济发展和资源消耗、环境污染之间的矛盾，国家正处于两难的境地。一方面毋庸置疑的是，能源的使用不可避免地带来高能耗、高污染、高排放。因为在化石能源开采、加工、处理、运输、交换、消费及各种再生产等过程中会产生多种污染物，对环境产生污染；另一方面，能源是产业发展的基础，经济的快速发展，需要大量的化石能源的支撑。低碳发展对提高环保水平具有一定促进作用，而低碳对环境保护的影响又是动态变化的，随着技术进步、能源利用结构和产业结构的改变，低碳对环境保护的影响作用将日益降低。

城市中的街道照明是电能消耗领域主要的方面之一。据统计，照明占全球电力消耗的19%，占中国电力消耗12%。资料显示，城市照明(包括景观照明和功能照明)的年用电量约占全国总发电量的7%～8%，很多城市都利用城市亮化工程来建设城市形象和提升城市品位，但同时也造成了城市亮化照明用电消耗的大幅提升。与此相对应的是，现代城市照明，特别是发展中国家的公共照明系统在设计的时候基本都没有经过光环境的验证和评估，不但没有提供一个健康舒适的照明环境，同时还导致了过度照明等众多光污染现象。因此，城市街道照明智能控制与管理对城市节能课题有着至关重要的作用。

2. 污染控制(Pollution control)

城市中存在着各类污染，例如，光污染、声音污染以及无线电信号的干扰等等。城市景观照明的迅速发展，使得照明的功率越来越大，光效越来越高，夜景照明的对象范围扩大，照明手段、照明方式的丰富多样，照明时间延长，使得城市照明在原来功能照明的基础上又有大幅度的提高。调研和调查测试结果表明，在功能照明和景观照明中，近年完成的城市照明项目，越来越多地出现超标与攀比的现象，都有不同程度的体现。城市照明普遍存在智能化程度低，照度分布不均，亮度杂乱无章等问题。造成这些现象的一部分原因是健康照明的概念还没有深入人心，大部分用户的观念始终停留在单纯照明的需求层次；而另外一个原因则是缺少一个有效的评估方式。很多城市规划与建设部门虽然意识到了绿色照明的问题，但是苦于没有一个合理的标准系统帮助他们进行设计、规划与评估。因此，城市照明的迅速发展与不断提高，在产生许多积极意义的同时，也给城市光环境带来不利的影响。

城市光污染已在多个领域被提出以及讨论。城市光污染主要包括三类：眩光、光逸散(光污染骚扰)、照明杂乱及天空辉光。

(1) 眩光是直接观看照明系统核心而产生的短暂目眩现象。街灯的光线直入行人及司机的眼睛里能够造成长达一小时的目眩，这可能会酿成意外。此外，眩光会使人们分辨光度强弱的能力降低，在短时间内难以恢复。

(2) 光逸散即光污染骚扰，是指不必要的光线进入了个人的财产处，如自己房居的照明光线过于耀目，影响到邻居，使其感到不适。或是街道、广告牌以及霓虹灯等公共照明影响了家里的光线环境。这并不是笑话，照明系统的强光照向邻居的家里，阻碍其睡觉是常见的光污染骚扰之一。光污染骚扰对天文爱好者来说问题更大，因为天空的星星所发出的微弱光线经常会被城市里强烈的灯火所掩盖。这使得他们进行观星活动变得甚为困难，很多时候需要移动至寂静而漆黑的乡村进行。

(3) 照明杂乱是指光线过度所造成的现象。多种不同光线组合起来可能会造成混淆，使人们留意不到障碍物，从而酿成意外。照明杂乱这种情况在街灯设计错乱的马路上尤其常见，要么光度不足，要么光度太强，要么光线颜色不同，这会使司机的视觉被其分散，并酿成意外。

(4) 天空辉光是指天空全被大厦的灯火所掩盖。天空辉光大多是在人口稠密地区所能看到的辉光效果。在繁华的大城市，照明工程慢慢成为了城市建设展示的名片，图 1-7 为杭州钱江新城灯光秀时所拍摄的场景。该灯光秀由 70 万盏 LED 灯组成，分别安装在钱江新城核心区沿岸的 30 栋高层建筑外立面上。天空辉光是由各大厦互相反射其他大厦的光线，并再由附近大气反射至天空所造成的效果。在日照时使天空变为蔚蓝色的瑞利散射现象在这里亦可以适用于这些互相反射的光线，结果人们在夜里亦可看到天空呈现深蓝色。天空辉光减低了天空与星星的对比度，使得观察星星的光线变得困难，所以星星便像是从天空消失了。

图 1-7　城市灯光秀现场

污染的控制需要更好的顶层设计，在进行城市规划时即需要考虑到可能出现的污染并进行预防。环境与设施的出色计划与设计将对城市污染有较好的控制作用。

3. 城市规划(City Planning)

户外安全：促进城市居民安全出行十分重要。据统计报表和调查表明，对比街道而言，行人事故在有照明的乡村道路上风险增加约 17%，但是在黑暗的乡村道路上骤增至 145%；在多雨环境下，有照明的乡村道路事故发生的风险将增加 50%，但是如果是无照明的黑暗乡村道路则增加至 190%。对于行人所发生的事故而言，照明显得更加重要，因为调查发现，对于有照明的乡村道路，其行人产生事故的风险增加 140%，但是如果是黑暗乡村道路环境，则将高达 360%。什么样的灯光模式对行人和驾驶员安全更有益至今并无定论，因此在安装前对照明系统进行模拟对于城市规划而言是非常有吸引力的。

城市美化：除了减少交通噪音和无线电信号干扰，规划和调整城市基础设施从而优化并美化照明设施也很重要。此外，灯光效果可以极大地增强人类的感知体验。

节约成本：计划中的一个小错误很有可能在未来的城市发展中造成很大的问题。良好的规划可以大大节省安装和维护成本。

项目所设计的 3D 虚拟街道系统设计为三维城市规划平台的一个部分。项目最终的目的为城市规划平台架构的设计以及功能的实现。此平台旨在通过对现有城市设施，例如照明灯杆、建筑物、绿化、城市家具进行数字建模，从而分析和评价此类设施与新技术照明、无线电通信、安防系统、城市交通噪声控制等基础设施的相互影响。为实现上述目标，项目提出设计一个用于城市规划和部署的三维虚拟现实平台架构并称其为 CityPlanning。CityPlanning 为更安全、更绿色的城市建设提供了一个"虚拟现实"环境。虚拟现实意味着软件环境使用真实世界捕获的图像，并从图像中提取虚拟人、车辆、街道家具或动态照明等要素组成三维虚拟环境。系统平台需要能够通过移动对象提供增强的现实世界的 2D 或 3D 视图。

如上所述，整个项目的目标是设计 CityPlanning 的架构并实施它的所有功能。但这是一项长期工作，将涉及多个领域的专家和不同学科的解决方案。而其中照明系统规划是实现 CityPlanning 的首要任务。

CityPlanning 希望调试照明基础设施，为交通建立一个更安全智能的环境，减少空闲时间的耗电量。在该项目中，将创建一个"虚拟街道"环境，以规划城市街道的智能照明系统。照明系统中所涉及的部件和设备也应该被考虑和评估。

雷达传感器是智能照明系统的重要组成部分，用于智能照明系统所需的运动检测、速度计算和其他用途。雷达传感器在智能交通系统中有着广泛的应用。雷达传感器在实际装置中的性能取决于许多因素，如传感器规格、位置的选择、传感器的安装高度和方向等。目前，大多数这些选择都是由"经验法则"来确定。在许多情况下，参数的设置或误差，需要进行几轮现场测量和调整，故而既低效又昂贵。为了解决这些问题，在 CityPlanning 的架构中也包含能够准确预测和评估的三维虚拟雷达系统。本书在为 CityPlanning 系统明确系统需求，确定系统架构，定义解决方案后，将以虚拟雷达系统的设计与开发作为案例进行虚拟现实系统开发的介绍，从而展示虚拟街道平台的部分功能设计。

虚拟雷达系统可规划评估特定参数设置组合下街道雷达系统的探测性能。它有助于规划者为一个特定的街道照明系统选择最适合的雷达类型。此外，还可用于安装前调整位置和角度。对于其他用户，如研究人员，虚拟雷达系统也可用来评估一个新设计的雷达系统的性能，并优化雷达参数，以获得最佳的方案。雷达性能预测功能的概念实现等相关内容将在第三章中进行介绍。第四章展示了结果评估和性能分析。

CityPlanning 的运行依赖于高品质的虚拟现实环境。调查所知，市场上已开发了许多 3D 生成和可视化的工具。基于成本与时间的评估，项目将尝试使用现有的工具进行环境创建，并基于这个工具扩展功能，从而节约开发一个新的 3D 可视化工具的时间与精力，并可得到更好的平台维护。3DS Max 被选中为 CityPlanning 的 3D 可视化基础平台工具。第 2 章将介绍虚拟现实相关系统的设计流程与方法，其中也详细介绍了 3DS Max 的系统特征，以及它为什么是我们的首选。

第 2 章

系统设计流程

在开始系统架构的搭建之前，先将虚拟现实环境下的设计流程与方法进行简单阐述与介绍将对设计过程有着指导性的意义。

系统平台 CityPlanning 的设计与开发是一个综合系统设计课题，其所涉及的技术和解决方案与多个学科领域相关。因此，项目设计团队的成员来自多个交叉领域，除了设计师外还包括来自信号处理、视频处理以及建筑领域的成员，将来也会有更多来自其他学科的合作伙伴参与到团队设计当中。显然，清晰、系统的设计计划对系统框架解析、项目进度和团队合作具有重要意义。本章重点介绍项目的设计过程，包括系统需求说明、解决方法定义、开发平台的选择以及与同类软件的比较。

工业产品设计可根据不同产品类型以及人事结构制定符合实际情况的设计开发流程。设计流程的标准化可为企业以及设计师提供开发流程的样本以及核心框架，以此发展出细化的符合个体特性的工业产品设计流程。参考国际设计管理协会(Design Management Institute)、美国管理设计咨询公司的产品及周期优化法(Product and Cycle-time Excellence，PACE)的相关内容，工业产品设计流程宜为如图 2-1 所示的三种类型之一。

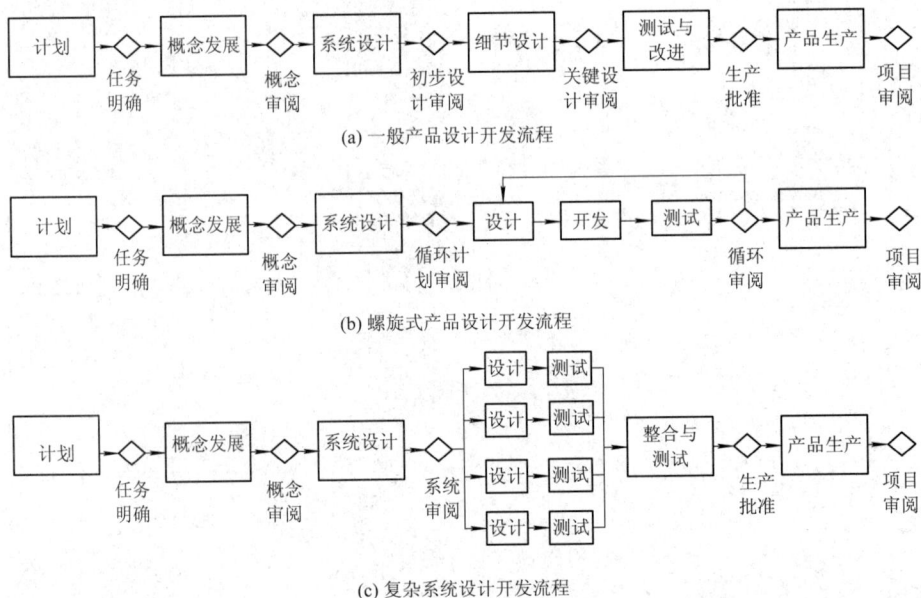

(a) 一般产品设计开发流程

(b) 螺旋式产品设计开发流程

(c) 复杂系统设计开发流程

图 2-1　工程产品设计流程

　　针对于不同的设计项目，设计流程与输出文件的细化肯定会有所变化。图
2-1 中所展示的设计流程可作为标准流程，而后再针对具体项目进行调整。
CityPlanning 在设计之初也根据项目的情况制定了详细的设计流程与计划，如
图 2-2 所示。相关的项目管理文件将在第 6 章中详细介绍。但是不论产品类型
如何变化，设计流程最初的阶段永远是概念的发展和系统的设计。因此，本章
将主要介绍概念设计相关的主要内容。

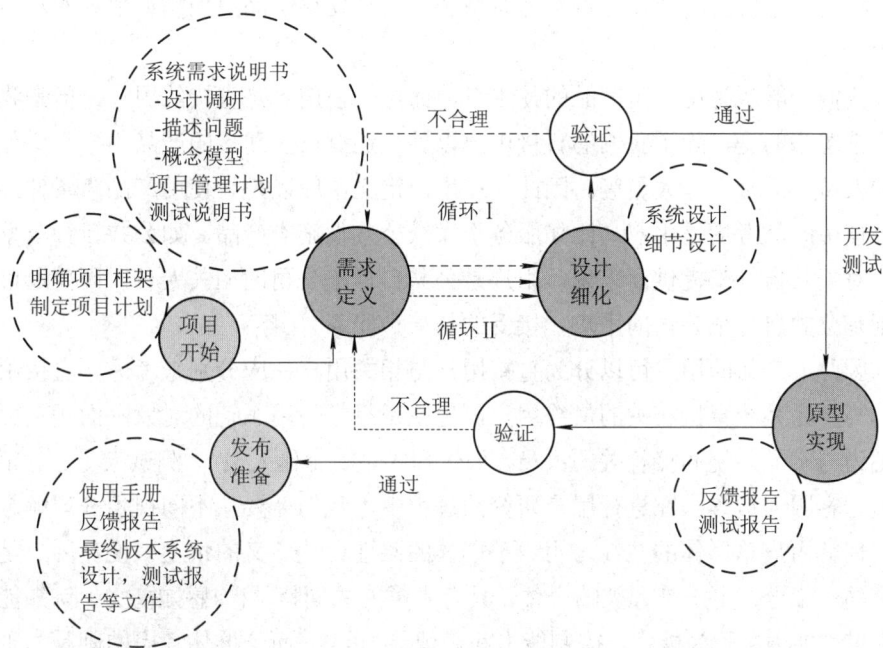

图 2-2　CityPlanning 项目基本流程图

2.1　用 户 与 需 求

　　用户对于产品而言是如"上帝"般的存在。就本质而言，产品设计的初衷
即为"讨好"用户，提高用户体验，甚至在不知不觉中引导用户的行为。正如
交互设计领域的思想先行者丹·萨弗(Dan Saffer)所说："用户知道什么最好。使
用产品或服务的人知道自己的需求、目标和偏好，设计师需要发现这些并为其

设计。"但同时,想让用户清楚明白地告诉你他需要的是什么也是几乎不可能的。设计师需要运用各种方法去发现问题。因此,对于用户的研究以及其需求的识别是系统定义中非常重要的部分,也是设计初期最重要的工作之一。用户研究无论是对用户和公司都是有益的。在很多文献中往往会把用户研究和企业投资回报率(ROI)联系在一起,这是因为用户研究一方面可以节约宝贵的时间、开发成本和资源,创造更好更成功的产品;另一方面,通过倾听用户、理解用户,可以将用户需要的功能设计得更为有用和易用,使得产品更加贴近用户的真实需求。

我们一般认为用户是产品的使用者,而这个使用者是直接的用户。但是我们经常忽略的是,除了我们的直接用户以外,还有很多间接的产品用户,比如维护人员、后台操作人员等。因此,在用户定义中应以是否使用产品为条件,但凡使用产品者均是用户。比如服务于大众公共设施类产品,如公共自行车系统:对于其自行车提供商来说,用户是公共自行车公司的相关人员,而普通市民则是公共自行车公司的用户,接受的是一种服务。

因此,产品的用户可以分为直接用户与相关用户,应分别来考虑。直接用户为与产品系统直接相关的最终用户,也就是经常使用系统的对象;而相关用户则为与产品系统间接相关的人员,如管理人员、合作人员 、测试人员、营销人员、客服人员等。在进行用户研究的过程中,我们需要从不同视角去理解客户,理解用户总群体的共性与用户子群体的共性。从广义的角度来说,用户是人类的一部分,用户是人类的个体,具有人类的共同特征(如感知能力、认知能力、思维能力、行为能力、控制能力和表现能力等)。而子群体考虑的则是由于一些不同的因素引起的用户群体之间的差异,比如按年龄分为儿童、成年、老年等的生理、心理、行为、能力、技能和认知等的属性区别。在设计过程中,我们一般会采用人物角色(也称人物志,Personas)的方式来进行目标用户分析。人物角色可以很好地用于展示目标用户的原型,描述并勾画用户行为、价值观以及需求。

图 2-3 中介绍了创建人物角色的简单流程。当然,人物角色虽然一般只用一页纸或一页幻灯片来展示一个人物原型,但其中内容必定是高度概括了用户群体的特征。因此,看似简单的角色创建其实需要大量的用户调研工作的支撑。

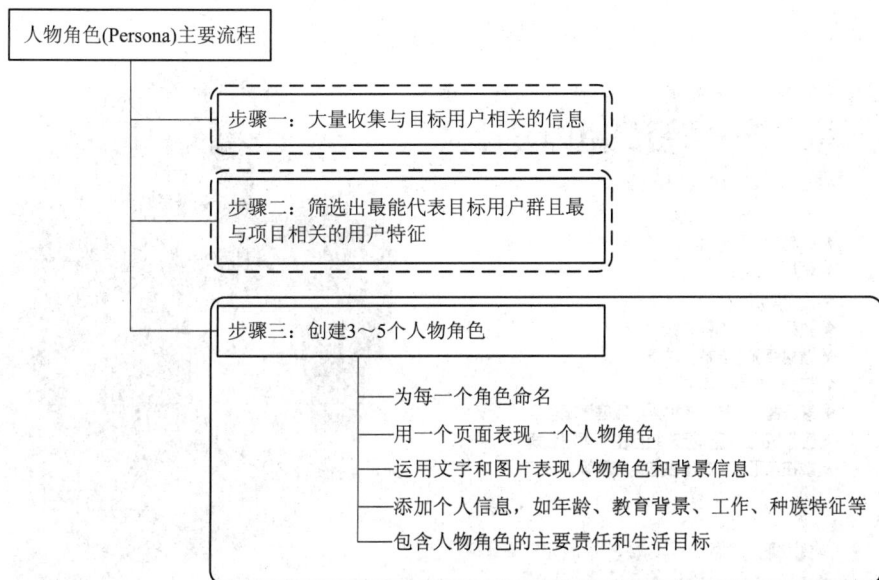

图 2-3　人物角色创建的方法与流程

　　基于以上的方法，人物角色的表现形式相对比较自由，但是其内容却是浓缩了调研和用户研究的精华，需要在有限的框架内概括出用户的信息，确保清晰到位。为方便大家理解并对人物角色的使用有更直观的印象，图 2-4 中展现了一个办公设施设计项目中的两个人物角色。图 2-5 给出了研究人员的人物角色创建。

　　对于 CityPlanning 系统平台设计而言，其目的是为街道规划设计提供一个通用系统。所以在弄明白系统需求之前，我们也需要先清楚"用户"是谁。基于 CityPlanning 系统平台设计的动机，可以解析出四种类型的用户：

　　(1) 研究人员。

　　(2) 城市规划者。

　　(3) 设计师。

　　(4) 营销者/购买决策者。

　　在确定用户人群以后，如何识别其需求也是前期设计定义阶段的主要任务之一。由于第一部分中所选择的用户人群有四类，且差异性较大，对于系统操作的能力要求也有较大不同，因此，设计定义时除了挖掘他们共同的需求点之外，还需要针对不同的用户人群，了解用户子群体的特征与需求。

典型人群一：资深室内设计师

◆ 姓名：吕女士
◆ 年龄：28岁
◆ 工作地点：杭州
◆ 教育背景：本科毕业
◆ 婚姻情况：未婚、单身
◆ 住房：单身公寓
◆ 家庭情况：杭州本地人，家庭情况殷实。
◆ 工作概况：工作相对较自由，可在公司
　或在家工作，或出去跑现场等等。

喜欢到处旅游、寻找灵感，收集拥有异域风情的小物件。人生目标是购买不同城市的房子并按照自己喜欢的风格装饰。

杭州

武汉

典型人群二：一线城市程序员

◆ 资深程序员王先生
◆ 年龄：30岁
◆ 工作地点：杭州
◆ 教育背景：研究生毕业
◆ 婚姻情况：已婚，妻子在银行工作，有两岁小孩，孩子交给父母带，
　非常希望有更多的时间来陪孩子。

◆ 工作概况：工作比较稳定，月入2万，但非常辛苦，早晨赶车，中午
　公司食堂吃饭，趴在桌上休息，经常加班，回到家还得写会代码。
◆ 家庭情况：从外地来到杭州，在此买房，安家落户。住
　房距离上班地点较远，每天上下班坐车很久。

喜欢代码，坚信在现代物联网的时代下，代码是各种电子产品运作的核心，认为自己做的事情很有价值，希望做行业内的佼佼者。

图 2-4　某办公设施设计的人物角色创建(设计者：应渝杭、金明、蒋静如)

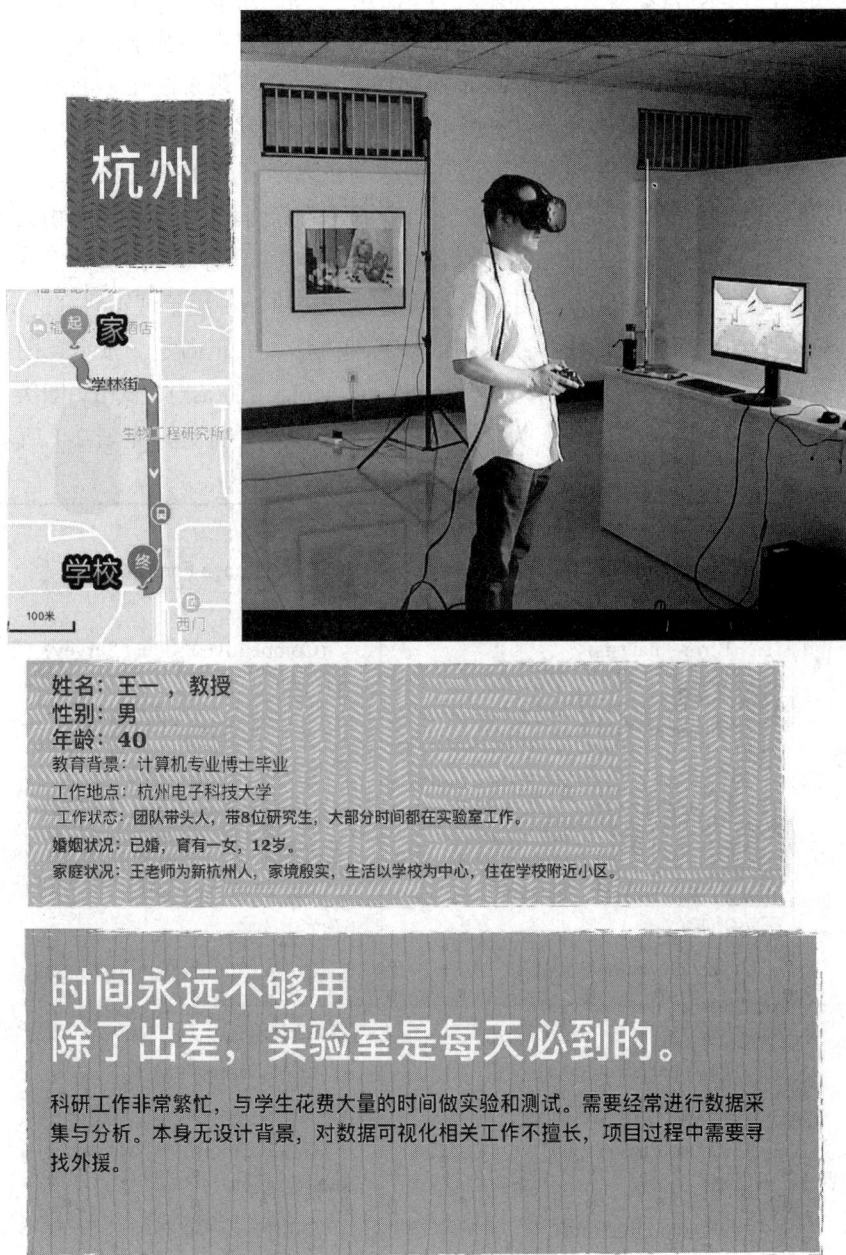

姓名：王一，教授
性别：男
年龄：**40**
教育背景：计算机专业博士毕业
工作地点：杭州电子科技大学
工作状态：团队带头人，带8位研究生，大部分时间都在实验室工作。
婚姻状况：已婚，育有一女，12岁。
家庭状况：王老师为新杭州人，家境殷实，生活以学校为中心，住在学校附近小区。

时间永远不够用
除了出差，实验室是每天必到的。

科研工作非常繁忙，与学生花费大量的时间做实验和测试。需要经常进行数据采集与分析。本身无设计背景，对数据可视化相关工作不擅长，项目过程中需要寻找外援。

图 2-5　典型用户人群之研究人员的人物角色创建

用户的需求可以从两个方面来进行识别，一方面是显性的需求，另一方面是隐性以及潜在的需求。显性需求是用户能非常明确提出的基本需求，或用户在现有产品的基础上提出新的需求，而隐性需求是用户现阶段还不能明确提出的需求，但当这种需求以产品的形式出现时，完全能够被用户认可和接受。

开展需求解析的方法也很多，源自全球创新设计公司 IDEO 人因工程部的 IDEO 方法卡(IDEO Method Cards)就是一个很好的范例。IDEO 方法卡由人因专家简·富顿·苏瑞(Jane Fulton Suri)和她的同事针对用户心理与经验开发的类似于扑克牌的 51 张方法卡片，其目的是为设计团队提供一种用于调查研究的工具。

每一张卡片都是 IDEO 内部使用的技巧和方法，其正面是一张示意图，背面则是说明文字。这 51 张卡分为学(learn)、观(look)、询(ask)、试(try)四类，每张的内容包括如何做(HOW)、为什么(WHY)和示例三个部分，见表 2-1 所示。

表 2-1　IDEO 方法卡方法汇总

学	人体测量分析 (Anthropometric Analysis) 错误分析 (Error Analysis) 人物档案 (Character Profiles) 流程分析 (Flow Analysis) 认知任务分析 (Cognitive Task Analysis) 次级研究 (Secondary Research)	远景预测 (Long-Range Forecasts) 竞品调查 (Competitive Product Survey) 亲和图 (KJ 法)(Affinity Diagrams) 历史分析 (Historical Analysis) 活动分析 (Activity Analysis) 跨文化比较 (Cross-Cultural Comparisons)
观	个人清单 (Personal Inventory) 快速人种学 (Rapid Ethnography) 生活中的一天 (A Day in the Life) 行为映射 (Behavioral Mapping)	逐格拍摄 (Time-Lapse Video) 用户向导 (Guided Tours) 快照调查 (Still-Photo Survey) 如影随形 (Shadowing)

观	人际网络映射 (Social Network Mapping) 行为考古学 (Behavioral Archaeology)	未参与的观察者 (Fly on the Wall)
询	极端用户访谈 (Extreme User Interviews) 文化探索 (Cultural Probes) 绘制体验 (Draw the Experience) 非焦点小组 (Unfocus Group) 五个为什么 (Five Whys？) 问卷调查 (Survey & Questionnaires) 词意关联 (Word-Concept Association)	影像日志 (Camera Journal) 拼贴画 (Collage) 卡片分类 (Card Sort) 概念风景 (Conceptual Landscape) 专家评估 (Expert Evaluation) 认知地图 (Cognitive Maps) 叙述 (Narration)
试	剧情测试 (Scenario Testing) 角色扮演 (Role-Playing) 体验原型 (Experience Prototype) 快速成型 (Quick-and-Dirty Prototyping) 移情工具 (Empathy Tools) 比例模型 (Scale Modeling) 剧情概要 (Scenarios)	身体风暴 (Bodystorming) 信息交流 (Informance) 行为采样 (Behavior Sampling) 成为你的顾客 (Be Your Customer) 纸原型 (Paper Prototyping) 参与式设计 (Participatory Design) 预言未来目标 (Predict Next Yeat's Headlines)

在 CityPlanning 系统用户人群的需求解析中，我们针对不同的用户子群体进行了多次用户研究，对其需求进行了识别。在大部分情况下，团队成员需要对用户所提的内容进行解析，才可以得到真正的需求。很多时候，用户无法清楚地表达其真实要求，甚至自己也无法发现自身的潜在需求。清华大学的柳冠中教授经常在讲座中分享的洗衣机的案例就可以说明问题。我们经常思考如何可以设计出更方便、更智能甚至更环保的洗衣机，但是追根究底，其实最终的目的是因为人们想要穿干净衣服，那么假如我们的衣服本身就是不会脏的，那又何必设计洗衣机呢？当然，这样的场景在现在的社会环境中还没有办法实现，但是这种寻找问题的思维模式会带给我们一种新的思考方式，带来新的创意。

在 CityPlanning 系统平台的需求挖掘中，我们也需要识别出用户的最终目的和问题是什么。例如专家学者其最重视的是成果的产出，他们需要可以自由地设置实验参数并进行数据导出，因此在做研究人员的需求挖掘时，我们定义 CityPlanning 平台应允许研究人员自由开展不同的实验，可便捷地收集不同类型的数据(通道、研究信号、算法性能等)，且能够直接导出数据至 MATLAB 进行成果展示。而对于营销者来说，他们最终要的是可以将自己的方案或产品卖出去，因此对于他们而言，平台的可视化质量以及反应时间会非常重要，因此在平台中我们又定义了系统应可以在 1 秒以内展示虚拟对象的参数设置变化的需求。在下面的内容中我们会对不同用户群体的要求进行简单的阐述，在第 5 章中会有针对不同模式的详细的需求解析。

(1) 研究人员由于需要进行大量的数据采集与分析，通常需要算法仿真、建模和性能分析等功能。举例来说，心理学研究者将目光集中在各种灯光背景和环境结构的感知体验研究上，比如有一类研究案例是调查哪种颜色的照明使人们感到更安全和舒适。

(2) 规划师是为街道照明系统开发的整个计划而工作的人。技术背景对他们来说是有限的。他们确定对象的定位(杆、电源箱、传感器等)，选择灯具、设备和控制规则，以满足客户的要求，如预算、艺术，甚至听取市民的建议等。

(3) 设计师负责各类设施的设计和优化。基于计划方案，他们细化了设计的所有细节，如雷达传感器的角度、照明模式等。

(4) 营销者和购买决策者强调CityPlanning的动态可视化功能。CityPlanning需要让他们在描述街道设计时可以进行视频的播放。在我们所选择的软件载体中，他们可以调整参数的设置，并使用更新的设置实时播放视频。

基于以上四类典型用户的不同目的，将衍生出不同的用户需求与偏好，因此 CityPlanning 系统提出了四种模式的设计方案：研究模式、规划模式、开发模式和体验模式。

这四种模式包含共同的需求，也有各自不同的侧重点与设计需求，因此在系统框架设计中，需要解析这两类需求列表。首先，他们主要的共同需求如下：

(1) CityPlanning 采用一个三维可视化工具作为平台，这个工具应满足如下要求：

- 用户接受度广泛，市场占有率大，为精选的软件工具。
- 预计将长期保持可用。
- 易于创建和应用插件。

(2) CityPlanning 应具有高品质的"虚拟现实"三维可视化。

(3) CityPlanning 应具有二维平面规划图。

(4) CityPlanning 应当允许用户包含 3D 对象。

(5) CityPlanning 应能实时显示新添加的对象。

除了以上所罗列的共同需求以外，每种模式还有其独特的用户需求。图 2-6 是 CityPlanning 系统平台的设计总览，分别展示了四种模式的信息输入与内容输出。图的左边是三维虚拟现实世界的输入，每个模式的主要功能显示在图的右侧。

在需求解析的过程中，我们发现，用户并不会只局限于使用一种模式。用户在不同的场景下会需要其他模式功能的辅助。比如设计师在进行某个城市公共广场的环境设计时，可在规划模式中进行整体的初步方案设计，之后在开发模式中进行细节设计并使用体验模式的可视化方法进行效果展示。因此，在系统平台中，我们将不会针对于某一类特定用户群体而制定一个专属使用模式，而更希望用户在不同的使用环境和目的下选择合适的使用模式。CityPlanning 系统平台在设计过程中也将使四种模式可任意切换，内容也同步统一。模式只代表系统功能以及侧重点的区分，方便用户针对不同的项目目的选择合适的使用入口，提高平台使用效率。

研究模式的功能设计将针对于新设计进行建模、仿真和性能预测。它使研究人员可以自由地进行不同的实验，并收集不同类型的数据(信道、脉冲响应、算法的特性和性能)。此外，系统平台还应允许用户可以导出数据至 MATLAB 进行绘制和展示。

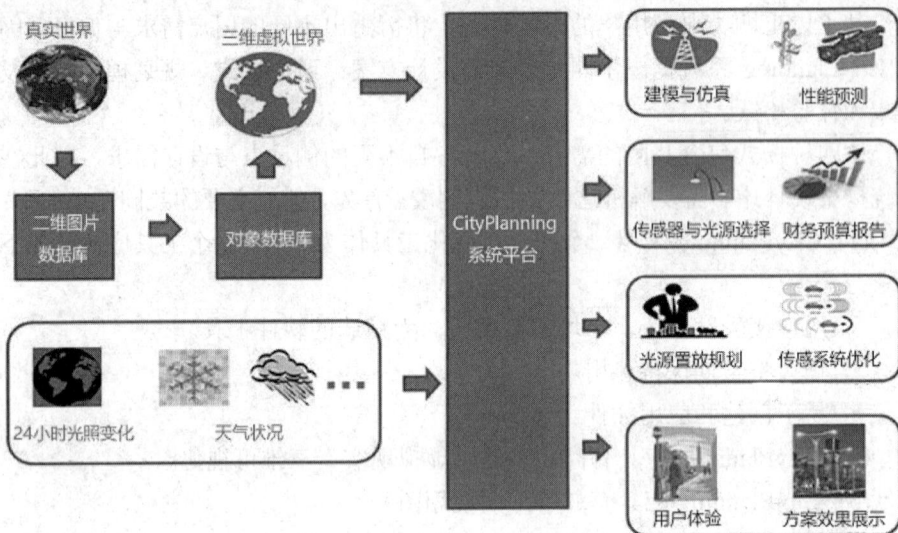

图 2-6　CityPlanning 系统平台设计总览

　　规划模式是一种三维计算机辅助设计模式，其中包括设施定位，灯具、相机、传感器和控制规则等对象的选择。此模式应具备街景视图，一旦场景内容有变化，系统将随之自动更新相应参数以符合场景的变化，并对城市规划的整体布局有友好的可视化效果。

　　开发模式的功能主要针对于设施布置前的场景模拟。此模式应允许用户预先评估最佳设置，然后在调试期间进行对应调整。它需要为用户显示所选定对象的设置(照明设备型号，传感器的类型、方向、角度、覆盖范围、信号强度等)。由于开发模式所对应的用户群体主要为设计师与工程师，高效的交互模式将大大改善用户体验，提高用户的工作效率。因此开发模式应具备更符合人机交互的操作方式，比如允许用户通过在虚拟世界中拖动对象更改虚拟物体的位置(灯柱、传感器)等。

　　体验模式的目的是为决策者提供设计的街道的动画虚拟游览。体验式虚拟现实工具能够在参数设置的基础上实时显示视频。

　　详细用户特性和需求规范将在第 5 章中进行介绍。表 2-2 显示了四种模式的接口和用户。

表 2-2　CityPlanning 的不同模式与特征

	研究模式	规划模式	开发模式	体验模式
界面	Matlab 文件格式	对象地图(传感器、光源等等)，覆盖面积	输入界面，属性文件、对象地图	实时 3D 渲染
客户	高校与研究机构	城市	合同商	高校 & 城市
3ds Max 可视化	3D/数据导出功能	2D/3D	2D/3D	3D/实时渲染

2.2　方 法 定 义

系统所提出的高品质的"虚拟现实"环境是该项目最具挑战的部分之一，它可以基于二维图像的自动三维提取进行实现。CityPlanning 的虚拟环境中很大的一部分内容为建筑物的三维建模。现有的三维建筑物自动重建方法有四种：

(1) 基于城市航空立体像对(Urban Aerial Stereopair)。

(2) 基于机载激光扫描数据(Airborne Laser Scanning Data)。

(3) 基于在单个图像中的建筑物阴影。

(4) 基于一些相对控制条件(内部元素、建筑长度、共线方程(Collinear Equation)、平行线条件(Parallel Lines Condition)等)。

荷兰埃因霍芬理工大学(TU/e)视频编码与结构研究小组对三维建筑物自动重建技术进行了大量的研究。但迄今为止完全自动化的三维提取还无法完善，制作模型依然需要人为干涉与时间成本。CityPlanning 最终实现的系统中需要系统具备可自动从二维图像中提取三维对象的功能，但是在第一阶段 CityPlanning v0.1 的开发中不具备这一功能。因此，在 CityPlanningv0.1 项目中，将使用一个现有的虚拟现实校园模型 Campus2020 TU/ e 大学校园模型为出发点。本书中将不详细讨论三维提取技术的开发。在以下的内容中讨论的是市场上 CityPlanning 的同类软件、CityPlanning 的软件体系结构以及 Campus2020 校园模型的简介。

2.2.1　虚拟仿真与视觉化

在 CityPlanning 平台的设计活动中，可视化与分析软件载体的选择是系统设计的基础。正如我们在第 1 章中介绍的那样，本项目的主要任务是关注于系统框架的建设以及交互平台的设计，开发一个新的 3D 可视化工具将加大项目难度，拖延项目进度且对项目进展并不具有太大的意义。因此，在 CityPlanning 平台的设计与开发中将不包括新的 3D 可视化工具的开发，相反，我们希望有一个成熟的 3D 可视化工具，并可以基于它扩展其功能。因此，我们从 Autodesk 选择了 3DS Max，因为它不仅被用户普遍接受，而且易于扩展。第 2.3.2 节将介绍 3DS Max 和它的扩展能力。

户外规划软件专注于导航(谷歌街景，微软导航)、旅游/商务推广(CyberCity 3D 的 3D BizzMap，EveryScape，Mapjack)、交通规划与管理(Cyclomedia 产品，Yotta DCL)、环境保护(CyberCity 3D 三维碳计算器)、全球移动通信系统(Global System for Mobile Communication，GSM)、通用移动通信系统(Universal Mobile Telecommunications System，UMTS)、全球微波互联接入(Worldwide Interoperability for Microwave Access，WiMAX)、泛欧集群无线电(Trans European Trunked Radio，Tetra)、数字视频广播(Digital Video Broadcasting，DVB-T)、频率调制(Frequency Modulation，FM)的无线频率规划工具、C2000 急救服务、噪声污染预测模型等等。本节内容将介绍几个典型的规划软件包以做比较。

1. VisNet defense 工具介绍

VisNet defense 是一种新的网络规划工具，结合了现实世界以及与谷歌地球相同的可视化风格，同时具有超高保真网络模拟。它是由洛杉矶的 Scalable Network Technologies(SNT)技术公司发布，是无线网络模拟和仿真的领导者。SNT 将他们的软件出售给公司。同时，SNT 也推行了大学计划，为学术研究人员和教授提供免费的软件和服务。VisNet defense 运用环境系统研究所(ESRI)的地理信息系统(GIS)软件实现可视化、管理、创建和分析地理数据，因此其具备高质量的现实图片。地理信息系统在二十年前是与军事相关的，但是现在，越来越多的免费、开源的 GIS 数据包可在个人计算机上的软件中运行，并可以为特定的任务进行改制。图 2-7 所示是 VisNet defense 的用户界面。

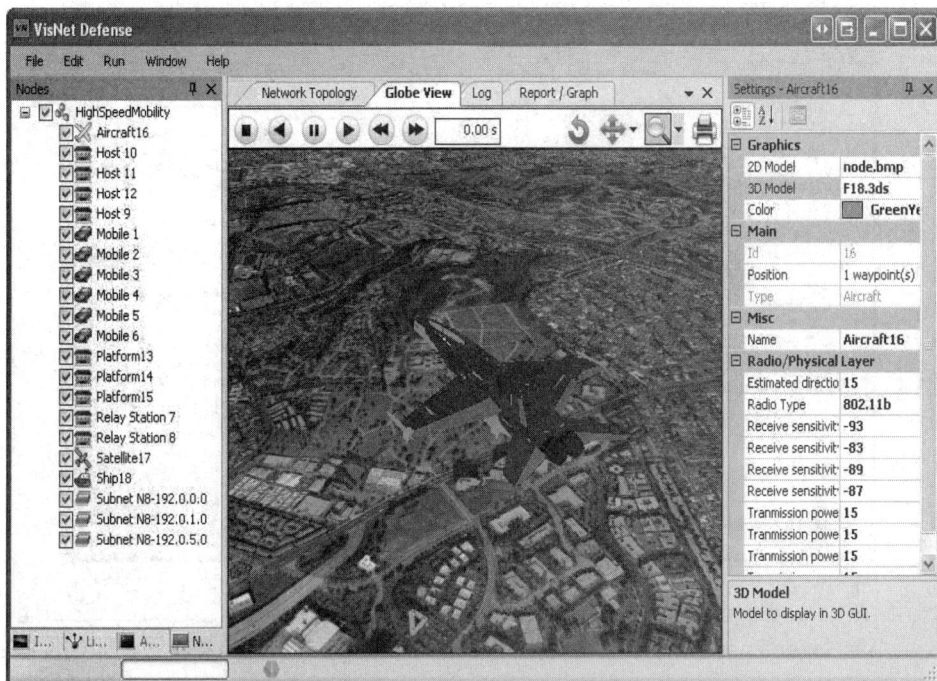

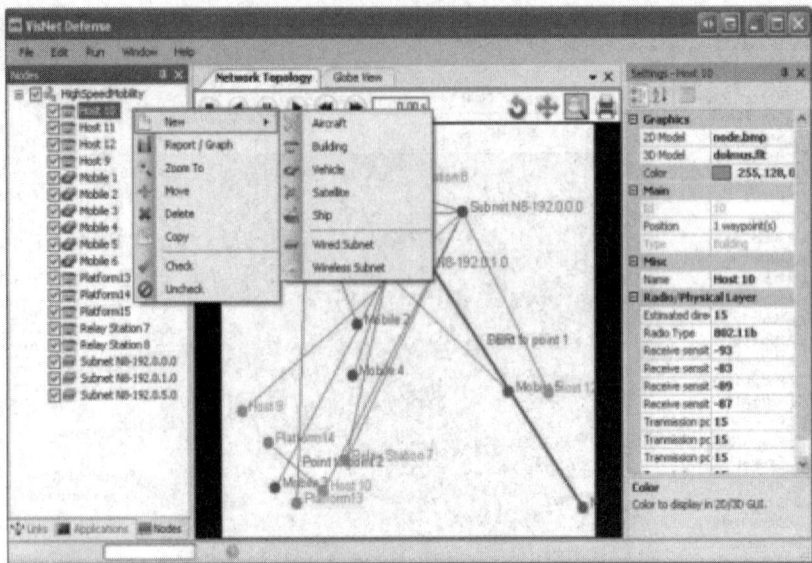

图 2-7　VisNet defense 的用户界面

　　VisNet defense 的两个主要特点是 CityPlanning 系统所感兴趣的，即高品质的现实环境和友好的用户界面。VisNet defense 使非网络专家用户也能查看和快速地掌握网络的机制，然后轻松地构建虚拟网络进行规划和审核。用户只需从预先填充的设备和应用程序列表中单击并拖动组件即可完成任务，整个过程不需要网络协议知识。在 CityPlanning 系统设计中我们也希望有一个高品质的"虚拟现实"环境和用户界面便于非专业人士操作。不过，VisNet defense 侧重无线规划，而不适用于照明系统。

　　在上述内容中我们已基本明确 CityPlanning 的功能需求，它不仅是一个规划工具，还需具备其他功能，因此，我们将学习 VisNet defense 的界面风格与交互方式，但不会以它作为 CityPlanning 运行的软件工具。

　　2．Calculux 工具介绍

　　Calculux 是一个旨在帮助照明设计师选择和评价不同场景中的照明系统的软件工具。它是由 Philips Lighting B.V.所开发发布的。Calculux 软件是免费的。飞利浦公司旨在开发 Calculux 用于模拟实际照明情况和分析不同的照明装置，从而找到最佳的解决方案。Calculux 有两个版本：Calculux Area 和 Calculux Road。在这里，我们重点了解 Calculux Road 的功能。因为 CityPlanning 系统也将主要用于路灯照明系统规划。Calculux 的主要功能是：对任何平面矩形计算区域进行照明计算；为照明设计方案提供质量范围广泛的图片，特别是灯具的位置和方向。该软件适用于单独的灯具设计，同时也适用于线、点、区域或自由安排的灯具设计。Calculux 还可预测财务问题，包括不同灯具的能源、投资、消耗和维修费用等。Calculux 的一个缺点是没有足够生动的可视化为用户提供相关体验。从图 2-8 所示的用户界面可以看出 Calculux 的界面非常简单。

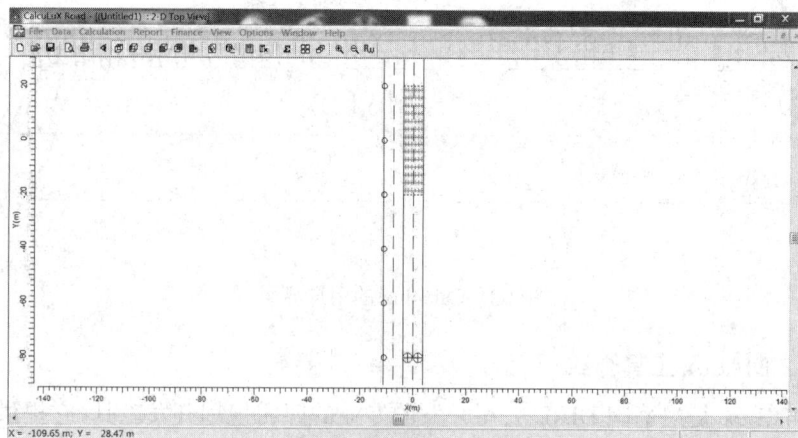

2D top view of a street with one side luminaries

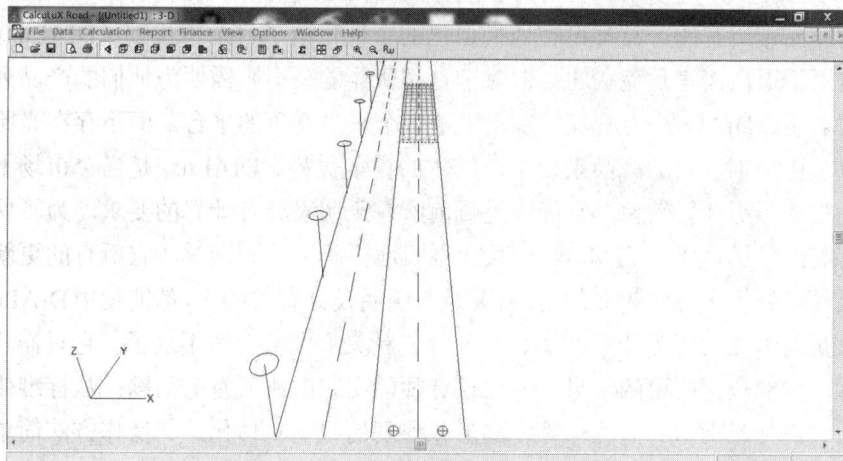

3D view of a street with one side luminaries

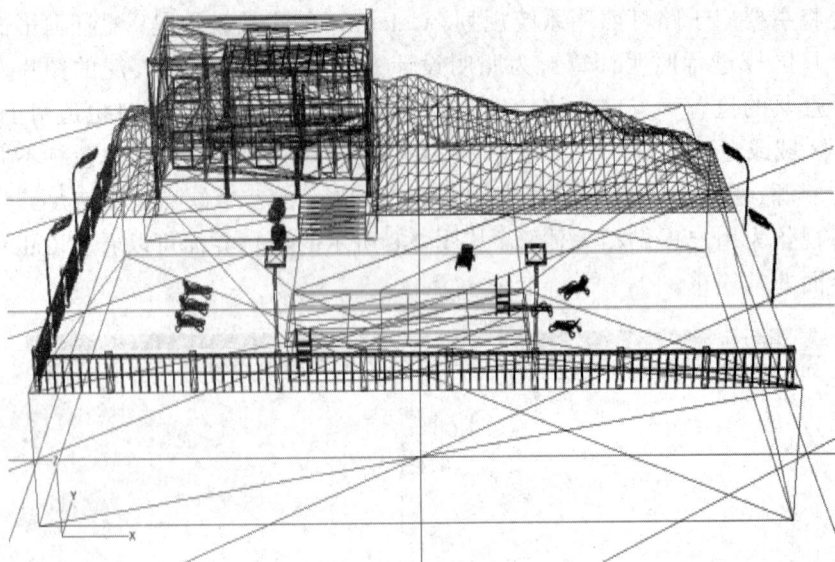

图 2-8　Calculux 的用户界面

3. DIALux 工具介绍

　　DIALux 是由德国 DiAL 公司开发的专业的照明规划开发工具。它提供了许多(可能是几乎所有相关的)制造商的灯具作为数据库，并被世界各地的灯光规划者和设计师广泛使用。成为合作伙伴的灯具制造商可以在 DIALux 上提供他们的产品，所有的产品都可在他们自己的个性化电子目录中找到。DIALux 软件包对于用户而言是免费的，但对于合作伙伴的公司则需要为他们的产品列入支付费用。DIALux 为所有厂家提供了一个平等竞争的平台，而不存在光照模型只能由个别厂家的产品来使用所产生的竞争优势。DIALux 是当今市场上最具功效的照明计算软件，它能满足目前所有照明设计及计算的要求。为了保持它特有的市场地位，DIALux 一直在不断地更新发展。同时，它所有的更新升级版都可供每个用户免费使用。只要是与照明设计有关的人，都能使用 DIALux。若只是偶尔使用照明计算，"DIALux 灯光精灵"则最合适不过了。它只需几个步骤，就能获得所要的结果。专业设计师能用它解决所有的问题：从标准化的室内、户外或街道的照明计算，到形象逼真的视觉立体化。其操作方法简单易学、形象有趣。不管是电器师、灯光师，还是照明设计师，使用过该软件的人都会发现，DIALux 是一个能减轻工作强度、提高工作效率的有用工具。

一个不断发展壮大、已有 43 家灯具制造商参加的队伍在管理、赞助 DIALux 项目。这些持有 DIALux 许可证的厂家提供所谓的 "DIALux 插件"，即电子灯具目录。该目录与 DIALux 相配，为照明设计师选择灯具产品提供了方便。而对灯具厂商来说，DIALux 则是一个营销工具，即他们灯具的展示平台。但这一切只有在照明设计师广泛使用该插件的基础上，才能产生效果。因此，用户完全可以相信，DIALux 将不断地发展更新，并紧密地与设计师的需求相结合。

DIALux 可以用来简单直观地创建和渲染虚拟世界。它依赖于其他体系结构程序生成 CAD 数据，也可以轻松地重新导出文件。在用户进行创意策划的时候，DIALux 确定能源消耗和光解决方案，支持用户遵守各自的国家法规和国际法规，如光强度。设计师在使用 DIALux 工作时可以选择世界领先的制造商所生产的灯具，因此他们在设计过程中有最大限度的自由。DIALux 对于照明的分析是相当出色的，但它主要针对室内环境。它不仅给人一种虚拟的印象，而且对具有一定照度的区域可进行伪彩色映射。对于室外环境，如道路，有些功能是不完整的。DIALux 有比 Calculux 更好的三维可视化，但并不如 Autodesk 3DS Max 的可视化精致。图 2-9 提供了一个例子的几个小截图，最左边的图片是室内环境的虚拟表示，右边两个截图则是室外场景以及相应的伪彩色映射。我们可以看到，DIALux 可以很好地模型光源效果。它在计算过程中也同时考虑了环境照明(例如太阳光)、反射和颜色等因素的影响。此外，类似于 Calculux 的问题是，DIALux 没有考虑到环境对象的影响，如树木、建筑物等等，且不支持其他虚拟设备的性能仿真，如雷达等。

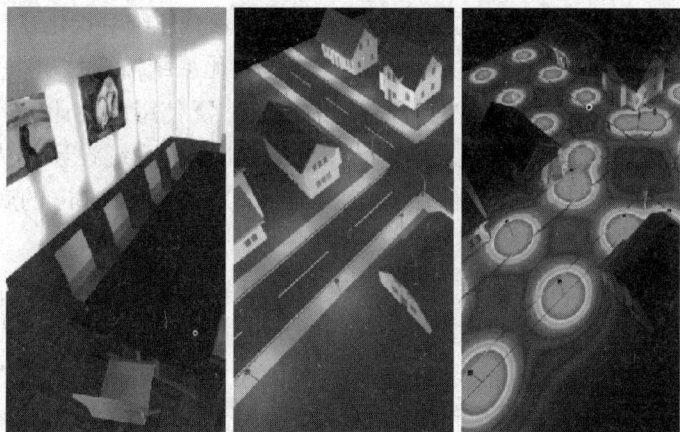

图 2-9　DIALux 设计示例(市内场景、室外场景以及室外场景的伪彩色显示)

图 2-10 所示为 DIALux Road 软件的用户界面。

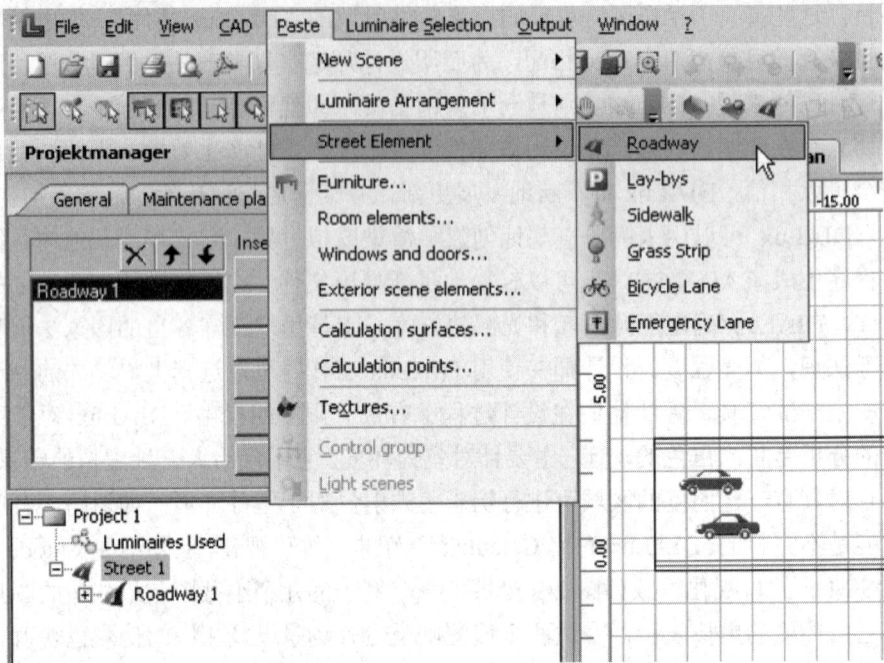

图 2-10　DIALux Road 软件的用户界面

2.2.2　3DS Max 介绍

通过对国内外研究现状的回顾，我们发现高保真三维可视化在市场上已经是一种成熟的技术。但是开发一种新的三维可视化系统需要付出很多的精力，因此，我们更愿意把精力投入到升级现有的、广泛使用的设计工具，并在其基础上进行插件的开发从而使之适合 CityPlanning 的系统设计。从软件工具的比较分析，我们选择了 Autodesk 3DS Max 作为 CityPlanning 的底层平台进行设计。

3D Studio Max，常简称为 3D Max 或 3DS MAX，是 Discreet 公司开发的(后被 Autodesk 公司合并)基于 PC 系统的三维动画渲染和制作软件。其前身是基于磁盘操作系统(Disk Operating System，DOS)的 3D Studio 系列软件。在 Windows NT 出现以前，工业级的计算机动画(Computer Animation，CG)制作被美国公开图形工作站所垄断。3D Studio Max + Windows NT 组合的出现一下子降低了 CG

制作的门槛，首先开始运用在电脑游戏中的动画制作，随后更进一步开始参与影视片的特效制作，例如《X 战警Ⅱ》、《最后的武士》等。

3DS Max 有非常好的性能价格比，它所提供的强大的功能远远超过了它自身低廉的价格，一般的制作公司就可以承受得起，可以使作品的制作成本大大降低，而且它对硬件系统的要求相对来说也很低，一般普通的配置就可以满足学习的需要了，这也是每个软件使用者所关心的问题。其次，3DS Max 的使用者多，便于交流，在同类软件中，其在国内拥有最多的使用者。随着互联网的普及，关于 3DS Max 的论坛在国内也相当普及和流行。最后一点也是初学者比较关心的问题，3DS Max 相对容易上手，3DS Max 的制作流程十分简洁高效，可以使用户很快上手。只要操作思路清晰，不需要学会大堆的命令，上手是非常容易的，后续的高版本中操作性也十分简便，操作的优化更有利于初学者学习。而对于专业用户，其插件开发功能为用户拓展功能或定制插件提供了很大的自由度。

总体而言，选择 3DS Max 就是因它是一种可靠、可行的商业平台，具备高保真的可视化品质，且允许用户免费开发插件。对于 3DS Max 的分析与解读如下：

(1) 3DS Max 支持逼真的三维可视化和其他的功能，满足城市规划的要求，如日光的渲染，特别是用于由阳光造成的阴影模型的建模。

(2) 3DS Max 有一个灵活的插件结构用于函数扩展。用户可以自定义用户界面，也可以通过各种工具扩展功能。

(3) 3DS Max 的扩展能力可以使用它作为 CityPlanning 的实现平台。

(4) Autodesk 3DS Max 是最流行的 3D 建模和动画软件之一，它已经拥有一个大市场。

(5) 3DS Max 可以保持实时数据链接到其他 Autodesk 的软件，如 AutoCAD、AutoCAD Architecture，或是从 Revit 导出的草稿，允许用户在 3DS Max 场景中直接使用链接的对象数据。

(6) 3DS Max 有一个维护软件和提供支持的专家小组。

(7) 3DS Max 由于其庞大的用户群体可提供一系列服务，例如访问一季度的 Autodesk 产品扩展，高级开发者网络社区(Advanced Developer Network，ADN)的在线产品培训。ADN 成员甚至可以从应用程序编程接口(Application Programming Interface，API)专家那里获得现场支持。

(8) 3DS Max 的软件与许多其他行业存在合作，这些合作由 ADN 进行维护。

(9) 3DS Max 会员资质对于从事教育用途的使用是免费的。

在本节余下的内容中，我们将介绍 Autodesk 3DS Max 和它的脚本语言 MAXScript。软件提供了强大的、集成的 3D 建模、动画、渲染和合成工具，使艺术家和设计师能够更快地提高效率。3DS Max 不仅是一种高保真的三维可视化和动画工具，而且具有强大的扩展功能的方法。图 2-11 所示是 3DS Max 的视图窗口、控制器和渲染界面。

图 2-11　3DS Max 视图窗口、控制器与渲染界面

3DS Max 中我们感兴趣的主要功能如下：

(1) 强大的三维建模能力——有一个广泛的多边形建模和材质贴图工具集合，建模和纹理艺术家可以更迅速和有效地工作。

(2) 高级角色动画——完全集成的角色动画工具包(Character Animation Toolkit，CAT)提供了一个现成的先进的骨骼和动画系统。

(3) 扩展通道支持——开发者在 C++ 和 .NET 等语言的支持下可以定制、扩展、集成 3DS Max 到他们现有的通道。

3DS Max 中所使用的功能扩展的特点由它自己的脚本语言 MAXScript 和 C++ SDK 或 .NET 语言开发实现。MAXScript 脚本很好地集成到了 3DS Max 的用户界面。在本项目中我们选择 MAXScript 作为 CityPlanning 系统开发的语言。

MAXScript 是 Autodesk 3DS Max 和 Autodesk 3DS Max Design 的内置脚本语言。其应用语言 MAXScript 为用户提供以下开发能力：

(1) 3DS Max 的大部分功能都可以通过脚本调用实现，如建模、动画、材料、渲染等。

(2) 使用一个开放式界面来自定义和编写 3DS Max 脚本。

(3) 艺术家和开发人员可以轻松扩展用户界面和使用自动化操作以执行批处理。

(4) 用户可以通过 OLE Automation 建立外部系统的实时接口。

(5) MAXScript ProEditor 为用户提供了一个使用 MAXScript 的智能界面，简化了脚本工作流程。

(6) 可根据对象要求扩展或替换用户界面，如修改、材质、纹理、渲染效果和雾化效果等。

(7) 可为定制的网格对象、修饰符、渲染效果等创建更多的脚本插件。

(8) 可使用 ASCII 和二进制文件 I/O 构建自定义导入/导出工具。

(9) 可编写能够访问场景整个状态的过程控制器。

(10) 以 MAXScript 命令的形式记录产品中的用户操作行为。

可以这样说，用脚本语言可以把 Max 几乎所有的功能重写一遍(少数功能除外)，而且能实现无法用鼠标键盘实现的操作。

MAXScript 脚本语言是专门设计来补充 3DS Max 的。MAXScript 脚本语言的语法对于非程序员而言也很简单。MAXScript 脚本语言足够丰富，可适应复杂的编程任务，非常适合处理大量的对象集合，例如，进行复杂的过程选择、构造随机的星场或将对象放置在数字精确的模式中。同时，MAXScript 很好地集成到 3DS Max 的用户界面。3DS Max 允许 MAXScript 以非模态窗口推出实用工具面板，此外，以类似于 3DS Max 的活动项，如工具栏按钮、菜单和方形菜单项或键盘快捷键等形式存在。MAXScript 脚本也可以用来扩展或替换对象、修改器、材料、材质，渲染效果、雾化效果等的用户界面；或创建自定义的网格对象、修改器和渲染效果。同时通过 MAXScript 脚本输出包含创建命令的对象，使得其他程序和包口可直接使用任何高级 3DS Max 构建器。3DS Max 的插件以二进制文件的形式存在。

2.2.3　Campus2020 与 Philips Product Selector

如第 2.1 节内容所介绍，Campus2020 模型将作为 CityPlanning 系统开发的第一个模型。在这个模型中，我们重点关注 De Zaale 街道。关注 De Zaale 街道的原因是在 TU/e 校园的此条街道上设置有两个包含传感器和摄像机的测试基站。测试基站的设置使得我们将虚拟世界的输出与真实测试基站的数据进行比较变成可能。TU/e 校园模型是一个由谷歌 SketchUp Pro 创建的矢量模型，并通过 3DS Max 进行渲染。它的输入是由 3DS Max 所建的 2D 地图和对象属性。图 2-12 所示是 Campus2020 在 3DS Max 中的总视图。图 2-13 所示为现实世界街景与其虚拟现实的模型对比。

图 2-12　3DS Max 平台中的 TU/e 校园模型

图 2-13　现实世界街景与其虚拟现实的模型对比

　　除了 TU/e 所拥有的 Campus2020 校园模型之外，飞利浦公司也为 Autodesk 3DS Max 提供了他们的光源产品数据库，称为飞利浦 Product Selector。照明产品允许在 3DS Max 场景中被引用。在图 2-14 中，我们在一个 8 米的灯柱上引入了哥本哈根 462 型光源。

图 2-14　De Zaale 街道环境中导入 Philips Product Selector 产品的渲染结果

　　结合以上介绍的所有解决方案，我们将 CityPlanning 系统的内容进行总结，如图 2-15 所示。系统的实现方式为 3DS Max 的插件形式，并在完成后进行打包。CityPlannin 系统所实现的第一个功能是雷达性能预测。第 3 章将介绍该概念模型的实现，第 4 章给出了结果和性能分析。

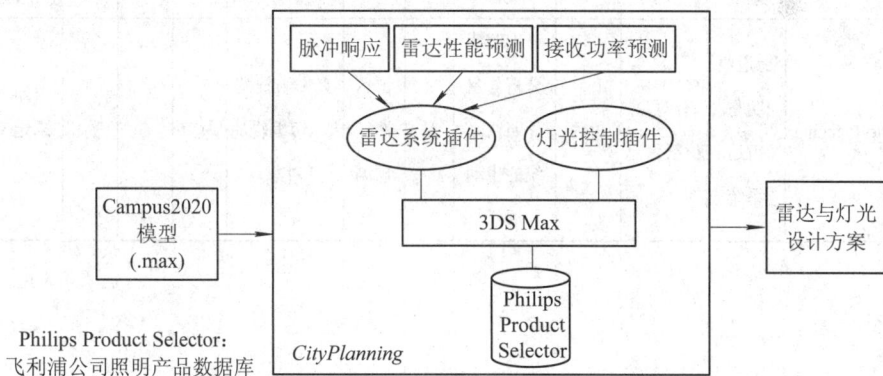

图 2-15　CityPlanning v0.1 系统开发内容

CityPlanning v0.1 从 3DS Max 进行扩展，因此它继承了所有 3DS Max 的特征。CityPlanning 系统也计划在将来的拓展中结合 DIALux 优良的光性能分析功能。表 2-3 比较了前面章节中所介绍的五种计划工具。

表 2-3　现有典型平台工具与 CityPlanning 的比较

平台	目标领域	渲染细节	3D视图	灯光分析	可拓展性	雷达系统分析	环境修改	财务分析	日光计算	气候因素	费用
VisNet	网络仿真	无对象材料信息	好	无	否	无	无	无	无	有	教育机构免费申请
Calculux	区域照明	无对象材料信息	较差	基本灯光分析和报告	否	无	简单图形(车，雷达，灯具)	有	无	无	免费
Dialux	室内&室外照明	有对象材料信息	好	详细灯光分析/室内照明动态演示	否	无	标准街道场景/室内真实场景模拟	无	有	无	免费
3DS MAX	高端3D仿真系统	有对象材料信息	出色	基本灯光分析和报告	是	无	真实场景模拟，可编辑的对象	无	有	无	教育机构免费申请
CityPlanning	街道照明与雷达系统	有对象材料信息	出色	详细照明分析与室外照明系统的生动展示	是	雷达性能预测	真实场景模拟，可编辑的对象	有	有	有	未定义

第 3 章

概念模型实现

从设计流程的讨论中我们已知，在系统搭建完成后需要做的就是场景与功能的实现。在 CityPlanning 第一阶段的概念实现中，将以规划模式和研究模式为主要开发对象。在本章内容中将介绍 CityPlanning 运行的基础，也就是规划模式和研究模式中都具备的雷达性能预测与探测覆盖面积绘制的功能实现，以及其内部相关子功能的设计与实现。

3.1　功能实现之雷达性能预测

在 CityPlanning 系统的设计中，研究模式和规划模式都提供了一个功能，即描绘了雷达系统在地面的覆盖面积。覆盖区域显示的是雷达反射比用户指定的阈值提供更高检测概率的区域。

图 3-1 显示了如何根据覆盖区域来表示探测概率。雷达探测概率是雷达接收机信噪比的函数。这个函数根据雷达类型而变化。许多研究人员正在研究相关理论，并且已经有不少结论。在 CityPlanning 的系统中，我们要求用户输入信噪比值，而不是检测概率。在设计初期，系统假设用户可以将此信噪比值转换为系统的检测概率。如图 3-1 所示，当我们输入信噪比之后，可以计算出雷达在一定方向上可以探测到的与目标之间的最长距离。这些距离值是 CityPlanning 中搜索算法的基础。

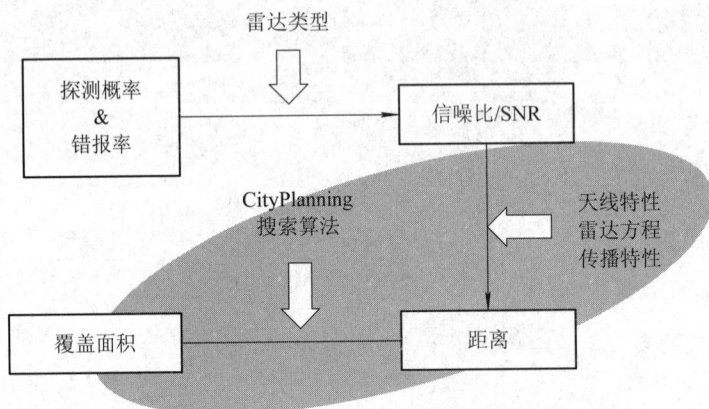

图 3-1　探测概率与探测覆盖面积之间的关系转化

　　CityPlanning 可以在地面上绘制覆盖区域，其最外层的轮廓即为探测概率与用户在第一步中所指定的探测概率一致的位置。同时，轮廓内的区域是探测概率超过阈值的地方。CityPlanning 侧重于从信噪比值的输入到覆盖区域绘制的部分，也就是图 3-1 中的椭圆阴影部分的程序。基于这种性能预测功能，用户可以将各种虚拟雷达传感器引入到三维环境中，并计算当前雷达设置的探测范围。

　　图 3-2 显示了输出的一个示例。图示阴影部分是 SNR 值大于或等于 14.5 dB 的区域。根据这个 FMCW 雷达传感器的参数设置，图示阴影区域对于自行车有 95% 或更高的探测概率。

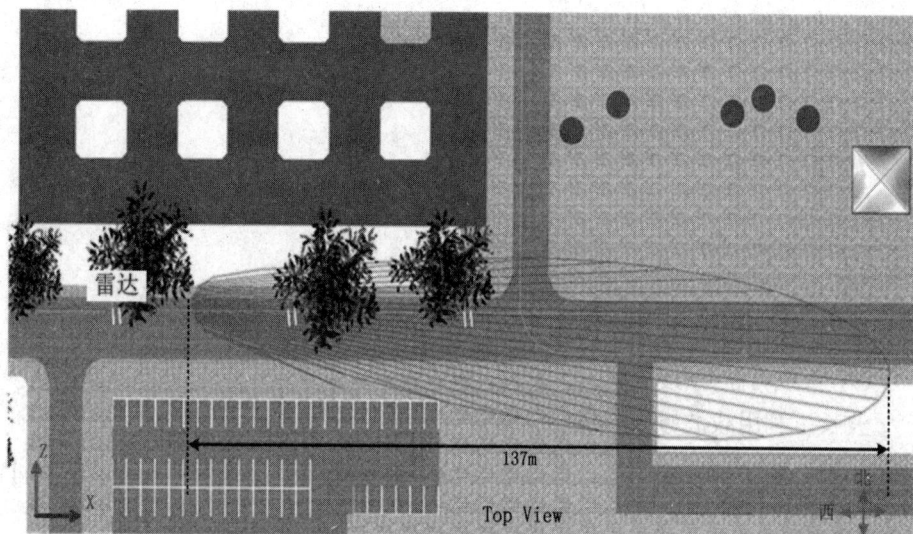

图 3-2　汽车探测概率≥95%时的探测覆盖面积(环境：TU/e 校园内 De Zaale 街道)

3.2　功能实现之虚拟雷达参数

　　对于雷达性能分析，用户需要提供雷达参数设置。为了对雷达参数进行分类，根据图 3-1 流程中所展示的方程，定义了三组参数。

　　第一组参数是一般雷达信息。用户可以使用这些参数向虚拟世界添加平面传感器。尺寸参数集包括两个天线单元之间的距离和阵元的个数。在输入两个阵元之间距离的时候，用户需使用波长 λ 来表示。例如，如果用户输入 $d_v = 1/4$，这意味着两个垂直单元之间的距离是 $\lambda/4$。一般信息参数组包含了以下参数：

(1) 天线类型：对于辐射模式规范，我们为用户提供了天线的选择。平面天线是第一种实现的天线。

(2) 雷达类型：FMCW，多普勒，FSK 等等。

(3) 天线尺寸：

① 阵元之间的距离(垂直(d_v)和水平(d_h))；

② 阵元数量(垂直方向上的数量 M 和水平方向的 N)。

第二组参数的设置主要用于雷达方程计算。其参数较为繁多且较专业，我们需要输入的参数包括：

(1) 载波频率 f_c (GHz)。

(2) 发射功率 P_t (watts)。

(3) 发射增益 G_t (dB)。

(4) 接收增益 G_r (dB)。

(5) 噪声系数 NF(dB)。

(6) 带宽 B(Hz)。

(7) 雷达散射截面 ξ(m2)。

(8) 天线倾斜角(度)。

(9) 天线方位角(度)。

波长可利用载波频率 f_c 进行计算：

$$\lambda = \frac{C}{f_c}, \quad C = 3.0 \times 10^8 \text{ m/s} \tag{3-1}$$

为了计算天线的尺寸，我们假设边缘单元与雷达边缘之间的距离为 d_v 与 d_h。因此，雷达的尺寸是：

$$S = \text{Width*Height} \tag{3-2}$$
$$\text{Height} = (M+1) \times d_v \times \lambda, \quad \text{Width} = (N+1) \times d_h \times \lambda$$

当我们从雷达方程获得距离的值以后，该工具就可以计算覆盖面积并在地面上进行绘制。在这个过程中，我们需要指定的参数是：

(1) 天线的位置。

(2) 世界坐标系中的坐标。

(3) 地面高度。

(4) 绘制图形的颜色选择。

结合以上所有参数，我们得到一个如图 3-2 所示的覆盖区域。此过程中主要的挑战是，探测范围 d 取决于增益，而增益取决于角度；又因为天线的角度受雷达位置的影响，所以我们开发了一个迭代算法来计算覆盖面积，覆盖面积计算将在 3.3 中进行详细介绍。

3.3　功能实现之覆盖面积计算

当我们在系统中增加了虚拟雷达传感器之后，下一步就是在地面上表示出特定探测概率的覆盖面积。此覆盖面积绘制算法的核心思想是确定检测范围和地面的交点。

首先，我们需要根据指定的信噪比计算目标距离，然后在此基础上搜索目标距离和地面的交点。在设计开始时，我们先忽略障碍物的屏蔽影响。在本节中的第一部分详细解释了如何计算检测范围，

第二部分则展示了一个搜索与地面相交部分的速度优化算法。

第三部分展示了算法的应用实例。在最后一小节中，我们将介绍如何加入障碍物的屏蔽影响。

3.3.1　坐标系统

覆盖面积计算采用坐标系变换的方法。为了使算法更易于理解，本节介绍了算法所使用的坐标系。在该算法中，我们提出利用局部坐标系与世界坐标系之间的坐标变换。世界空间是场景中所有物体的通用坐标系统。当你看到在视窗中的主栅格，看到的就是基于世界坐标系统的空间。基于世界坐标系统的空间是不变的，也是不动的。

世界坐标系统是 AutoCAD 的基本坐标系。绘图期间，该坐标系的原点和坐标轴保持不变。世界坐标系由三个互相垂直并相交的坐标轴 X、Y、Z 组成。默认情况下，X 轴正向为屏幕水平向右，Y 轴正向为垂直向上，Z 轴正向为垂直屏幕平面指向使用者。坐标原点在屏幕左下角。这些都是固定不变的，所以被称为世界坐标。图形文件中的所有对象均由世界坐标系坐标定义。但是，使用可移动的局部坐标系创建和编辑对象通常更方便。图 3-3 显示了世界坐标系与局部坐标系。

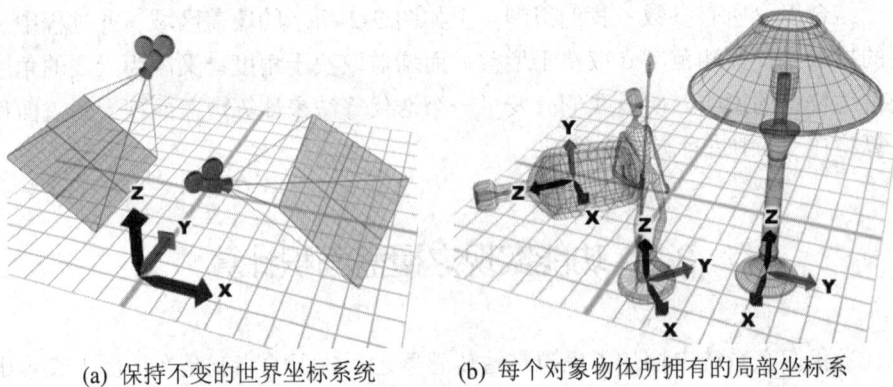

(a) 保持不变的世界坐标系统　　(b) 每个对象物体所拥有的局部坐标系

图 3-3　世界坐标系与局部坐标系

　　图 3-4 显示了 Campus2020 未来大学模型中的世界坐标系。这是大学的俯视图，X 轴指向图中所示的东向，Y 轴指向北方。世界坐标系中的 Z 轴指向上面，那就是天空。

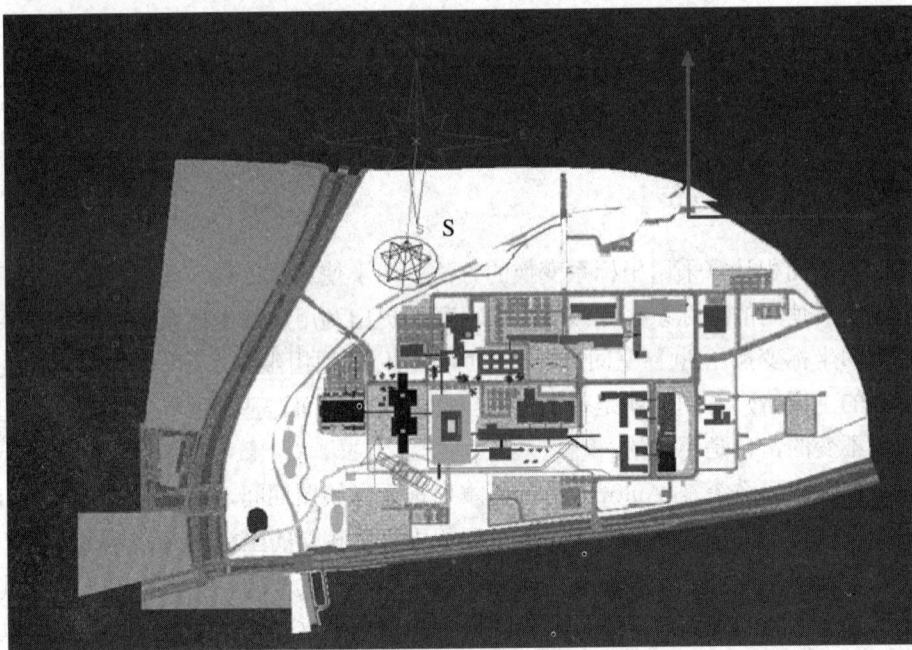

图 3-4　世界坐标系统中的 Campus2020 大学模型

　　局部坐标系是专门与所选对象相关的坐标系。每个对象都拥有其自己的局部坐标系统和坐标系，由对象轴点的位置和方向定义。对象的局部坐标中心和坐标系组合起来可定义其对象空间。

对象 X、Y 和 Z 轴的方向取决于对象的当前变换。相对于世界坐标系。当围绕世界轴(而不是对象的局部轴)旋转对象(如汽车模型的车轮)时，可以看到这两个坐标系之间的差别。车轮会立即以一个很大的弧度飞离，因为旋转的中心位于世界坐标的起点。

要正确旋转车轮，首先应该使用工具栏上的弹出式列表，将坐标系更改为局部。随后车轮将围绕其局部坐标的起点(门轴)旋转。门轴点是旋转发生的位置，或发生刻度的位置。在几个对象的选择集合中，每个对象都使用自己的局部坐标系中心进行转换。图 3-3(b)显示了不同对象的局部坐标系统。图 3-5 是在世界坐标系中放在桌子上的一本书。该书拥有自己的局部坐标系，网格代表不同的坐标系。

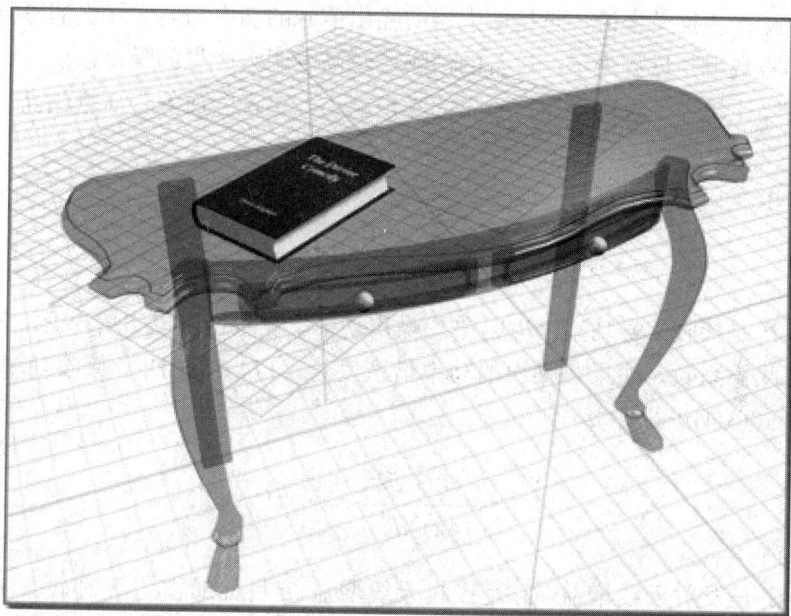

图 3-5 局部坐标系中的书以及世界坐标系中的桌子

3.3.2 探测范围的计算

在这一节中，我们将介绍如何计算给定 SNR 下的检测范围。

信噪比，英文名称叫 SNR 或 S/N(SIGNAL-NOISE RATIO)，又称为讯噪比，是指一个电子设备或者电子系统中信号与噪声的比例。这里面的信号指的是来自设备外部需要通过这台设备进行处理的电子信号，噪声是指经过该设备后产生的原信号中并不存在的无规则的额外信号(或信息)，并且该种信号并不随原信号的变化而变化。

同样是"原信号不存在"，还有一种类型叫"失真"，失真和噪声实际上有一定关系，二者的不同是失真是有规律的，而噪声则是无规律的。

信噪比的计量单位是 dB，其计算方法是 $10\lg(P_s/P_n)$，其中 P_s 和 P_n 分别代表信号和噪声的有效功率，也可以换算成电压幅值的比率关系：$20\lg(V_s/V_n)$，V_s 和 V_n 分别代表信号和噪声电压的"有效值"。在音频放大器中，我们希望的是该放大器除了放大信号外，不应该添加任何其他额外的东西。因此，信噪比应该越高越好。

信噪比从狭义来讲，是指放大器的输出信号的功率与同时输出的噪声功率的比，常常用分贝数表示，设备的信噪比越高表明它产生的噪声越少。一般来说，信噪比越大，说明混在信号里的噪声越小，声音回放的音质量越高，否则相反。

SNR 的计算公式如下：

$$SNR = \frac{P_r}{P_n} = \frac{P_r}{B10^{(-174+NF)/10}} \tag{3-3}$$

其中，P_r 是接收信号功率，P_n 是平均噪声功率。测量带宽以 B 来表示。NF 代表的是噪声系数，如果热噪声的功率谱密度为 $-174\,dBm/Hz$。接收功率 P_r 可以由公式(3-4)进行计算：

$$P_r = \frac{P_t G_t G_r \xi \lambda^2}{(4\pi)^3 d^4} \tag{3-4}$$

其中，G_t 是发射天线增益，G_r 是接收天线增益，ξ 目标的雷达散射截面(RCS)。这里的 λ 是波长，d 是探测距离。将式(3-4)代入到式(3-3)中，可以得到距离 d 为信噪比 SNR 的公式：

$$d = \sqrt[4]{\frac{P_t G_t G_r \xi \lambda^2}{(4\pi)^3 \, SNR \, B10^{(-174-30+NF)/10}}} \tag{3-5}$$

参数 P_t、NF 和 B 是由用户所输入的。P_t 的单位是瓦特(Watts)。RCS(ξ)是表征了目标在雷达波照射下所产生回波强度的一种物理量，因此也可理解为一个对象对于雷达而言的可探测度的测量，并以 m^2 为单位。对于 RCS 参数，我们允许用户选择对象类型(汽车、人、自行车和卡车)来确定相应的值。表 3-1 列出了不同类型对象的 RCS 值。

表 3-1　典型 RCS 取值

对　　象	RCS(m^2)
常规飞航导弹	0.5
小飞机或 4 座喷气式飞机	2
大飞机	6
中型轰炸机或中型喷气式飞机	20
大型轰炸机或大型喷气式飞机	40
大型喷气式客机	100
小型游船	2
可住宿游轮	10
皮卡车	200
汽车	100
自行车	2
人	1
鸟	0.01
昆虫	0.00001

要确定 d，我们还需要知道在对应方向的发射天线增益 G_t 和接收天线增益 G_r。在这里，我们假设接收增益等于发送增益并在下文中将其表示为 G。在计算平面天线的辐射图之前，先从一维线性阵列开始。图 3-6 显示了线性阵列和平面阵列。

线性阵列

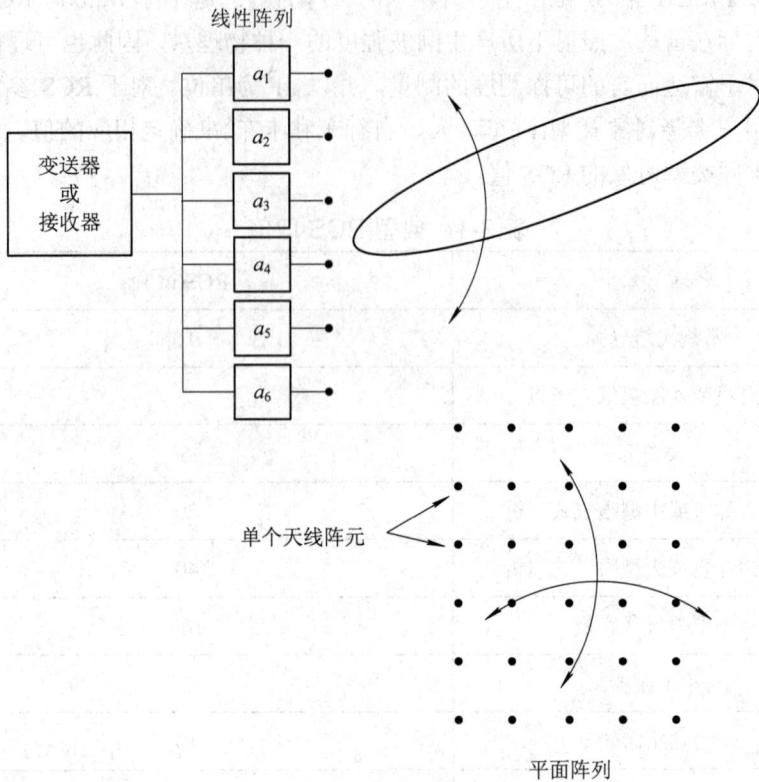

图 3-6　天线阵列的 1D 与 2D 模型

最简单的阵列类型是一维均匀线性阵列，它是一个具有相同阵元间距和相移的线性阵列。在这种情况下，陈列的场方向图相当于由单个陈元与阵列因子相乘的模式。归一化陈列因子如下：

$$\text{AF} = \frac{\sin(N\Psi/2)}{(N\Psi/2)}, \quad \Psi = \frac{2\pi d_N}{\lambda}\cos\theta + \beta \tag{3-6}$$

其中，d_N 是两个阵元之间的距离，β 则是单元之间的相位差。在计算中，β 的默认值为 0，这使得主波束的方向为 90°。N 是阵元的个数。因此，增益是单个陈元增益和阵列因子的乘积，即

$$G(\theta) = G_{\text{element}}(\theta)\text{AF}(\theta) \tag{3-7}$$

平面天线是一种二维天线阵。我们定义 θ 为在 X-Z 平面与 X 轴的角度，而 ϕ 是在 Y-Z 平面与 Y 轴的角度。θ 和 ϕ 显示在图 3-7 中。当天线厂家定义一个

天线的增益通常是指它的最大增益值 G，虽然在原则上天线增益是一个与 θ 和 ϕ 都相关的函数，但是制造商在定义增益时只考虑两个正交平面是很普遍的模式，通常称为截面。在某些情况下，在其他方向上的增益可以被描述为一个与 G_θ 和 G_ϕ 相关的函数。而 G_θ 和 G_ϕ 分别只与 θ 和 ϕ 相关。在这种情况下，其公式可描述如下：

$$G(\theta,\phi) \approx G_\theta(\theta)G_\phi(\phi) \tag{3-8}$$

$$G_\theta(\theta) = G_{\text{element}}(\theta)\text{AF}_\theta(\theta)$$

$$G_\phi(\phi) = G_{\text{element}}(\phi)\text{AF}_\phi(\phi)$$

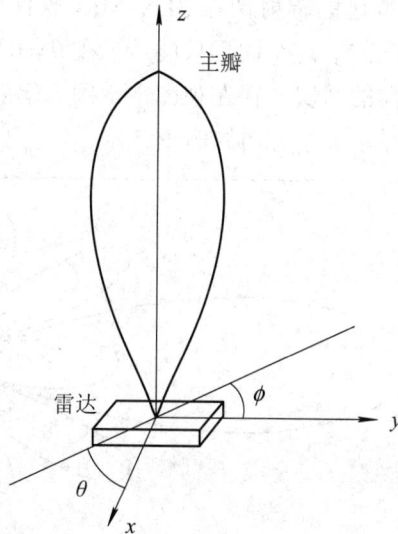

图 3-7　局部坐标系统

在此类情况下，$N \times M$ 天线阵列的阵列因子 $\text{AF}(\theta,\phi)$ 为：

$$\text{AF}_{(\theta,\phi)}(\theta,\phi) = \text{AF}_\theta(\theta)\text{AF}_\phi(\phi) \tag{3-9}$$

$$\text{AF}_\theta(\theta) = \frac{\sin\left(\dfrac{M\Psi_M}{2}\right)}{\left(\dfrac{M\Psi_M}{2}\right)}, \quad \text{AF}_\phi(\phi) = \frac{\sin\left(\dfrac{M\Psi_N}{2}\right)}{\left(\dfrac{M\Psi_N}{2}\right)}$$

$$\Psi_M = \frac{2\pi d_h}{\lambda}\cos\theta + \beta_\theta, \quad \Psi_N = \frac{2\pi d_v}{\lambda}\cos\phi + \beta_\phi$$

以上式子中的 β_θ 和 β_ϕ 分别是在 X 和 Y 方向的相位差。在方程(3-9)中，天线在 $\Psi_M = 0$ 和 $\Psi_N = 0$ 的时候具有最大增益，因此 $\frac{2\pi d_h}{\lambda}\cos\theta = -\beta_\theta$，且 $\frac{2\pi d_v}{\lambda}\cos\phi = -\beta_\phi$。当 $\theta = \phi = 0$ 时，$\beta_\theta = \beta_\phi = 0$，此时我们将在 Z 轴方向得到最大收益，即未归一化的 $M \times N$。

基于以上数据，我们可以使用公式(3-5)来计算基于给定 SNR 值的探测距离 d。图 3-8 显示了雷达的辐射图在 3DS Max 软件中的可视化情况。图中雷达的 d_h 和 d_v 皆等于 $\lambda/2$。这个图形只展示了在 $\theta = 0°$，$30°$，$60°$，$90°$，$120°$，$150°$，$180°$ 方向的情况。在左视图中，因为辐射图是相对于 $\theta = 90°$ 所对称的，所以图中只显示 3 个方向的例子。

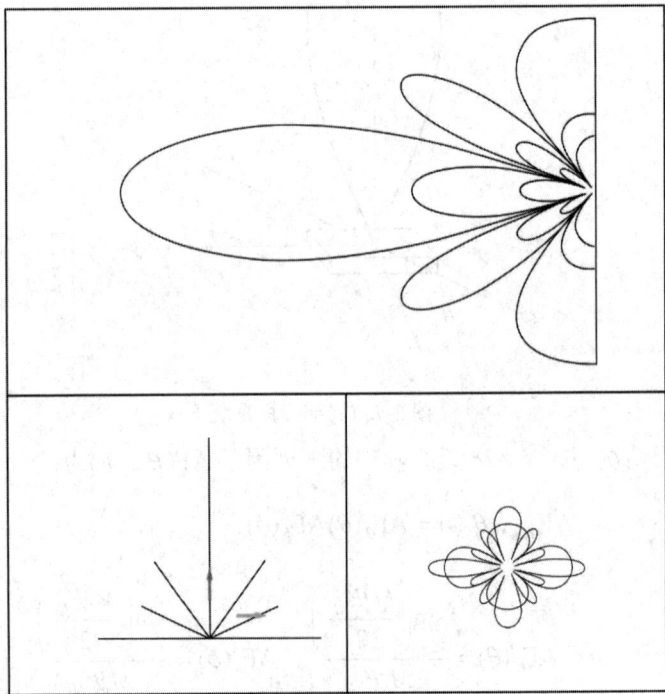

图 3-8 3DS Max 的辐射图

因为 $G_r = G_t$，所以在 (θ,ϕ) 方向的最大探测距离如下：

$$d = \sqrt[4]{\frac{P_t(G_{\text{element}}(\theta)\text{AF}_\theta(\theta)G_{\text{element}}(\varphi)\text{AF}_\varphi(\varphi))^2\xi\lambda^2}{(4\pi)^3\,\text{SNR}\,B10^{(-174-30+\text{NF})/10}}} \tag{3-10}$$

3.3.3　绘图算法

在上一节中，我们介绍了一种计算特定 SNR 值所对应的探测范围的方法。在 CityPlanning 系统中，我们只对地面上的车辆，自行车和行人进行检测。因此，我们需要找到探测距离与地面的相交点或高于地面 1 米以内的探测距离。作为第一步，我们只考虑主瓣的情况，副瓣可以用与主瓣相同的算法来进行绘制，但是在本书中我们只介绍主瓣计算的部分。

搜索交叉点最简单最直接的方法是在每个角度内进行穷举搜索(Exhaustive Search)，直到找到给定的信噪比下可探测到地面物体的探测距离，然后找到交叉点。然而，这样做的弊端是搜索空间非常大，平均搜索时间约为 30 分钟。这个结果对于 CityPlanning 的定位和功能而言是不可接受的。接下来，我们提出了一种低复杂度的搜索算法。

在新算法中，我们从内部和外部两个极端定义了探测范围。内部曲线由覆盖区域的内部点组成，与天线相对靠近，但目标处于低天线增益的角度。外部曲线包含的是外部点，范围主要由路径损耗所限制。在解释内部点和外部点之前，需要先来介绍水平搜索和垂直搜索。在上一节所介绍的内容中，有两个角度 θ 和 ϕ 来表示对象在局部坐标系中的方向。而所谓的垂直搜索，就是指通过 ϕ 角度搜索的交汇点，同时水平搜索是指针对每一个 θ 角度所进行的垂直搜索。对于水平搜索，我们以 $\Delta\theta$ 的幅度改变 θ 值。所以对于第 m 步的水平搜索，θ_m 的角度定义为：

$$\theta_m = m\Delta\theta,\quad m\in(0,m_{\max})\text{ and }\Delta\theta = \frac{\pi}{m_{\max}+1}$$

因此，我们在垂直搜索的样本空间所定义的垂直平面其实就是所有 θ 角度相同的探测距离的端点。

图 3-9 所示是一个 $\theta = 90°$ 的垂直平面。

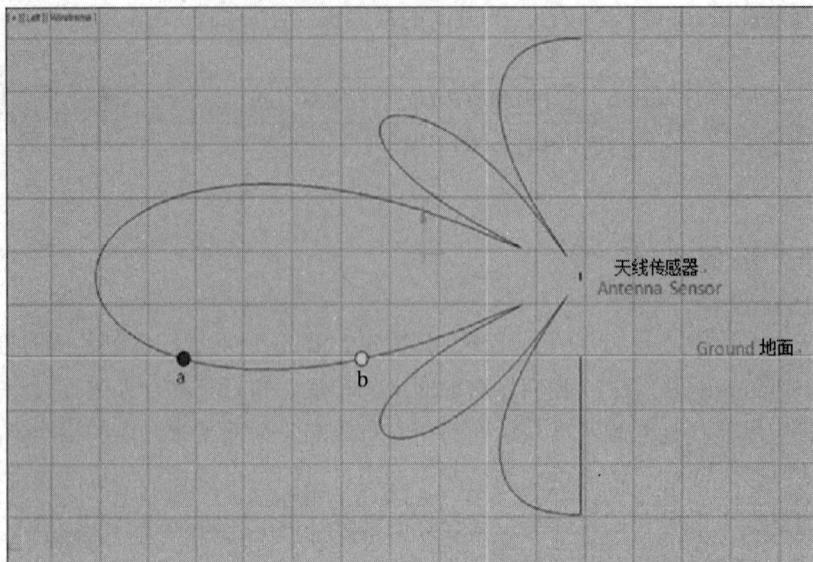

图 3-9　$\theta = 90°$ 时垂直平面的侧视图

图 2.1(b)中所示的坐标系是贴片传感器的局部坐标系。ϕ 的取值从 0° 到 180°。仅考虑主瓣，我们可以看到它与地面有两个相交的点，我们分别称它们为外点(点 a)和内点(点 b)。所有平面的轮廓线与地面相交时存在两种情况，即一个交点或两个交点。对于垂直平面的轮廓线与地面只有一个交点的情况，我们则把这一交点同时称为外点和内点。为了易于大家理解，我们在图 3-10 中展示了 CityPlanning v0.1 系统流程图的简化版，流程图解释了获得覆盖区域轮廓点的顺序与方法。

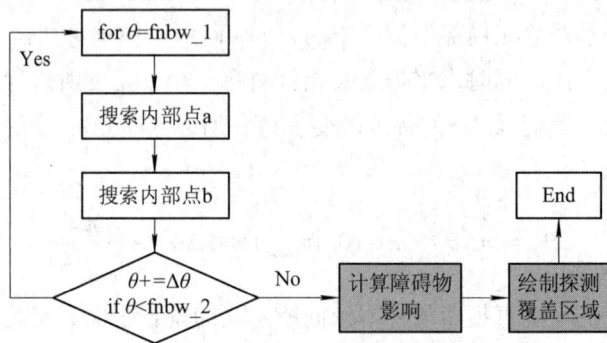

图 3-10　CityPlanning v0.1 交叉点搜索流程图

在每一个 $\theta = \theta_m$ 垂直平面，我们都从 $\phi = \pi / 2$ 开始进行垂直搜索，也就是从增益峰值出现的地方开始。CityPlanning 为了提高运算效率，设计了一个迭代计算应用至系统中，从而大大减少了搜索时间的消耗，迭代算法的原理说明如图 3-11 所示。

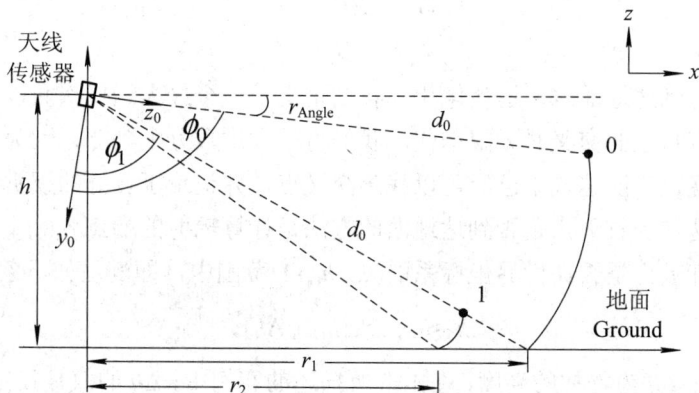

图 3-11   在 $\theta = \theta_m$ 平面搜索外部点算法的侧视图

如图所示，系统在运行时首先计算 ϕ_0 等于 90° 时的探测距离 d_0，此时的增益为 $G(\theta_m, \pi / 2)$。ϕ_0 是雷达的局部坐标系统中的角度，即图 3-11 中与坐标轴 y_0 的角度。图 3-11 中的 r_{Angle} 代表仰角。仰角代表了雷达几何中心方向与(理想中的)地平线之间的夹角。在图 3-11 中 $r_{\mathrm{Angle}} = -7°$。我们尝试将它投射到地面，同时保持距离仍然为 d_0。雷达的高度用 h_R 表示，这是世界坐标系中雷达位置的 z 值。世界坐标系中地面的 z 值为 h_G。因此雷达和地面之间的距离为：

$$h = h_R - h_G$$

由此我们可以得到 r_1 为：

$$r_1 = \sqrt{d_0^2 - h^2}$$

相应的我们也可以得到角度 ϕ_1 为：

$$\phi_1 = \arctan\left(\frac{r_1}{h}\right) - \mathrm{EleAngle}$$

对于辐射图的主瓣而言 $G(\theta_0, \phi_1) < G(\theta_0, \phi_0)$，所以在角度 ϕ_1 上距离为 r_1 的位置的信噪比小于目标信噪比。事实上，在方向角度 ϕ_1 上的探测.距离应为 d_1。然后当我们再重复上述计算时，第 i 个迭代计算如下：

$$r_i = \sqrt{d_{i-1}^2 - h^2}$$

$$\phi_i = \arctan\left(\frac{r_i}{h}\right) - \text{EleAngle}$$

$$G_i = G(\theta_0, \phi_i)$$

$$d_i = f(G_i)$$

当辐射到达地面时，迭代停止。我们定义了一个最大迭代次数以避免当垂直平面没有与地面交叉时无限迭代。我们将最大次数分配到 5，因为在之前的测试中发现，三次迭代中已经可以找到交叉点，并记录了良好的视觉精度。算法中确定迭代的收敛点是否到达地面的方法是计算辐射的端点 $p_e(x, y, z)$，并检查其 Z 值即 $p_e.z$ 是否在世界坐标系的(h_G, h_G+1)范围中，即满足如下条件：

$$h_G \leq p_e.z \leq (h_G + \Delta h)$$

式中的 Δh 为物体的高度，在本书所描述的案例中，Δh 的值被设定为 1 米。这个 1 米的设定值是因为 CityPlanning 在案例中想要探测的对象是汽车、自行车和行人，因此设定了 1 米的高度保证可以对三类对象都有较好的探测能力。一旦 $pe.z$ 满足这个标准，我们即将此时的 Φ 值作为 Φ_{out} 进行保存，而对应的端点 p_e 即被认为是 p_{eo} 点。这个算法的运行速度非常快，根据我们的实验数据，平均 3 次迭代就足够我们找到收敛点。图 3-12 是 3DS Max 视界中外部曲线的结果，我们将所有的外部点连接在一起，即可得到这个曲线。

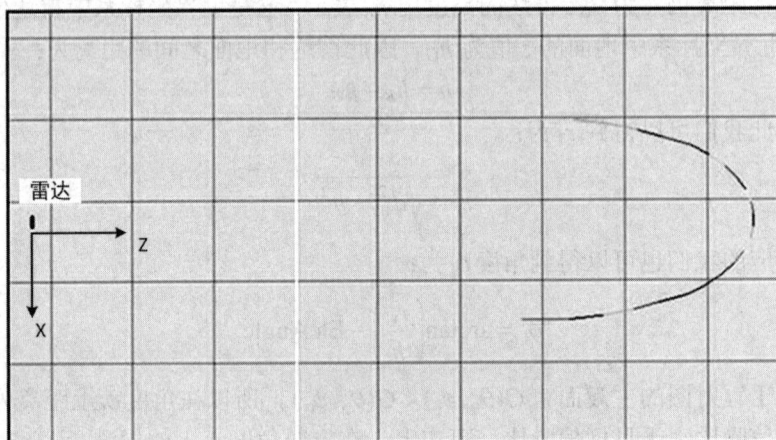

图 3-12 外部曲线绘制结果的俯视图

内部曲线的计算由于不能使用上面的算法，因此 CityPlanning 设计了另一种搜索算法。由于在此案例中 CityPlanning 只考虑主瓣的部分，因此需要计算第一零点波束宽度(FNBW)来限制搜索空间。第一零点波束宽度(又称为主瓣张角)是指天线方向图中包含主瓣的平面内主瓣两侧第一个零点间的夹角。第一零点波束宽度是重要的波瓣图参量，用于描述天线方向性。第一零点波束宽度是描述天线方向性的参数。同一天线发射的无线电波不同方向上的辐射强度是不同的，所以定义为最大辐射方向上两侧第一个零点辐射间的夹角为第一零点波束宽度。在水平面和垂直面各有一个第一零点波束宽度，通常这两个第一零点波束宽度并不相等。对于绝大多数天线，最通用的是取与电场矢量平行的 *E* 面和与电场矢量垂直的 *H* 面。天线辐射图一般呈花瓣状，所以又称为波瓣图。

图 3-13 是某天线辐射图截面，其中包括最大辐射方向两侧第一个零辐射方向线以内的波束称为主瓣，与主瓣方向相反的波束称为背瓣，其余零辐射方向间的波束称为副瓣或旁瓣。在主瓣最大方向两侧，两个零辐射方向之间的夹角，即为第一零点波束宽度，其在平面上的定义如图 3-13 所示。

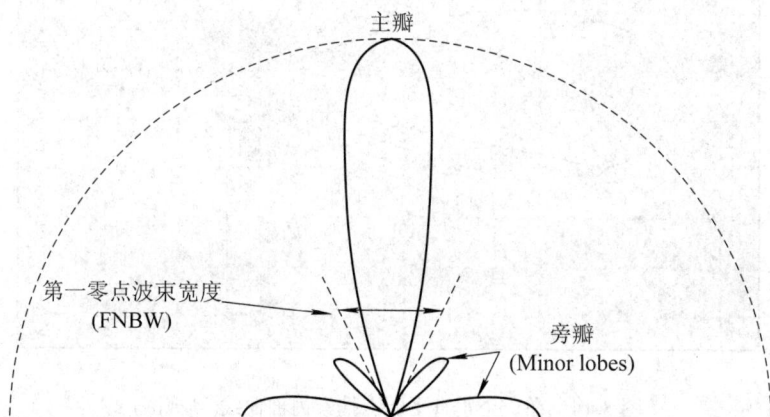

图 3-13　主瓣(Main Lobe)、旁瓣(Side Lobe)以及第一零点波速宽度(FNBW)的定义

第一零点波速宽度的计算方式如下：

$$\text{FNBW} = 1\left[\frac{\pi}{2} - \arccos\left(\frac{\lambda}{Nd_v}\right)\right] \tag{3-11}$$

与其相对应的第一个零点的角度 ϕ_{n1} 与 ϕ_{n2} 分别为：

$$\phi_{n1} = \frac{\pi}{2} - \left(\frac{\text{FNBW}}{2}\right)$$

$$\phi_{n2} = \frac{\pi}{2} + \left(\frac{\text{FNBW}}{2}\right)$$

在外部曲线的算法中，我们已经得到了外部收敛点，图 3-14 中的 ϕ_3 指示了找到外部收敛点的角度。而内部收敛点的角度，以理论分析必然存在于小于 ϕ_3 的范围内，但会比第一零点角度 ϕ_{n1} 要大。因此我们所搜索的角度 ϕ_s 必然满足以下特性：

$$\phi_{n1} < \phi_s < \phi_3$$

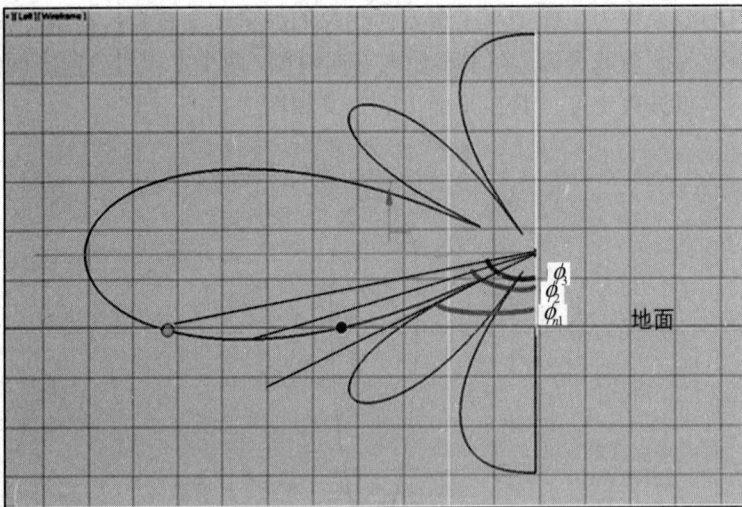

图 3-14　在一个垂直平面上搜索内部曲线(侧视图)

为了加快搜索过程，我们从中间值 ϕ_2 开始进行搜索，其计算方式如下：

$$\phi_2 = \phi_{n1} + \frac{\phi_3 - \phi_{n1}}{2}$$

该算法需检查 $p_e.z$ 是否大于 h_G，以此来表示 p_e 是否在地面之上。如果是在地面上，搜索空间将在角度 ϕ_2 和 ϕ_3 之间，如果在上部空间没有搜索到内部收敛点，即将搜索空间改为角度 ϕ_2 和 ϕ_3 之间继续搜索。下面我们用一段代码来标明以上操作方式：

　　if $p_e.z < h_G$ then

　　　　for $\phi_s = \phi_2$ to ϕ_3 do

　　　　(searching inner point)

　　else if $p_e.z > (h_G+1)$ then

　　　　for $\phi_s = \phi_2$ to ϕ_{n1} do

　　　　(searching inner point)

　　在运用以上搜索算法后，一旦找到内部的点，CityPlanning 会将其所在的角度 ϕ_s 进行保存并命名为 ϕ_{inner}，而其所对应的端点 p_e 即为 p_{ei}。图 3-15 所示为外部曲线与内部曲线相结合的绘制图。

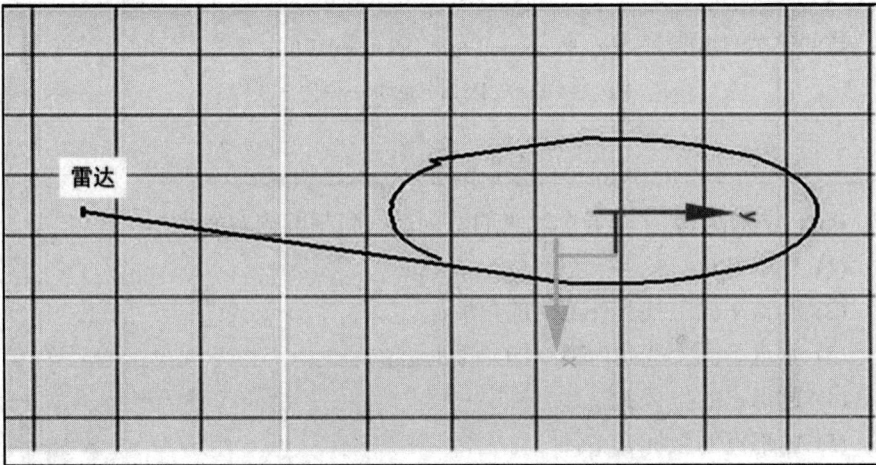

图 3-15　外部曲线与内部曲线相结合的绘制图(俯视图)

3.4　障碍物屏蔽

　　在第 3.3 节中介绍了 CityPlanning 雷达性能预测的搜索算法。但这种算法只适用于视线目标，因为在以上算法中并没有考虑雷达和目标之间可能存在的任何障碍物。在实际情况中，雷达和目标之间总是会有一些物体存在，比如树木、建筑物或灯柱。在此节中将介绍如何在以上算法中设计一个包含这些障碍物屏蔽影响的算法。

在进行功能设计之前的首要任务是确定一个物体是否会妨碍雷达和目标之间的探测。为此，设计团队首先设计了一个数据库来存储障碍物和覆盖区域的信息。

3.4.1　信息数据库

在该算法中，我们定义了两个数组来存储覆盖区域和障碍物的信息。一种是用于存储覆盖区域信息的二维数组，特别是所有垂直平面的外部点距离和内部点距离，我们叫它 PointArray。另一个是存储障碍物的信息，也就是 ObjFound(如何得到障碍物列表的详细描述请参见 5.2 节)。PointArray 点阵中的 m 个元素定义如下：

$$PointArray[m][5] = \theta_1, \quad \phi_{1\text{-outer}}, \quad p_{1\text{-eo}}, \quad \phi_{1\text{-inner}}, \quad p_{1\text{-ei}}$$
$$\theta_2, \quad \phi_{2\text{-outer}}, \quad p_{2\text{-eo}}, \quad \phi_{2\text{-inner}}, \quad p_{2\text{-ei}}$$
$$\vdots$$
$$\theta_m, \quad \phi_{m\text{-outer}}, \quad p_{m\text{-eo}}, \quad \phi_{m\text{-inner}}, \quad p_{m\text{-ei}}$$

PointArray[m]是一个五个元素的数列。它包括的内容有：

(1) 角度 θ_m。

(2) 垂直平面上找到外部点的角度 $\phi_{m\text{-outer}}$。

(3) 垂直平面上找到内部点的角度 $\phi_{m\text{-inner}}$。

(4) 外部点的坐标 $p_{m\text{-eo}}$。

(5) 内部点的坐标 $p_{m\text{-ei}}$。

ObjFound 是一个关于障碍物的数列。对于障碍物屏蔽影响的计算就是基于 ObjFound 数列的内容。在 ObjFound 阵列中的障碍物列表是由对象的搜索功能所产生的，将在第 6.2 章节内容中详细介绍此类搜索功能。基于 ObjFound 阵列的内容，CityPlanning 提出了计算每个障碍物屏蔽影响的屏蔽算法：

$$ObjFound[m]= \{obstacle\_1, \quad obstacle\_2, \quad \cdots, \quad obstacle\_m\}$$

3.4.2　核心算法

在系统平台的三维环境中，障碍物的尺寸大小是算法中需要考虑的另一个重要因素。针对 3DS Max 中形状不规则物体的雷达散射截面(Radar Cross Section，RCS)计算困难的问题，我们将所有物体视为盒子形态，根据其包围盒计算雷达散射截面。

对于一个单一的障碍物，必须首先确定它是以什么形式来影响覆盖面积的。在 CityPlanning 系统中把影响分为两类：第一类是障碍物位于高于雷达的位置；另一类是障碍物低于雷达位置。对于分类类型的开展，其对象的高度信息由 3DS Max 的函数，即节点中调用 localboundingbox 来获得。

对于 3DS Max 而言，它的环境中的每个对象都有一个包围盒，我们可以调用以下的方法来得到一个节点的包围盒的最大点和最小点的二元数列：

$$nodeLocalBoundingBox<node> = [min\ point，max\ point]$$

其中，数列中的最小点是障碍物离雷达天线最近的点。Nodelocalboundingbox 的节点信息是相对于雷达的局部坐标系来定义的。雷达中心是坐标系的原点。通过使用该功能的算法，可以计算包围盒的 8 个顶点，也就是如图 3-16 所示的左下点 bpl、右下点 bpr、底部左后点 bpbl、底部右后点 bpbr、左上点 upl、右上点 upr、顶部左前点 uplf 和顶部右前点 uprf。

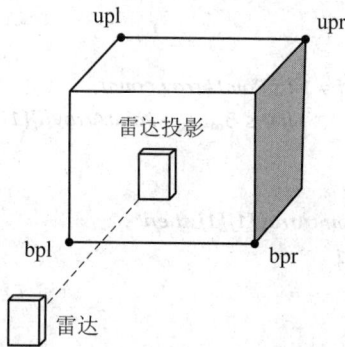

图 3-16　障碍物的包围盒

因此，最小点是前方面对雷达的角落。对于如图 3-16 所示的对象，其最小点是图中的 bpl，也就是具有最小的 x、y、z 值的点。相反，最大的一点是坐标系中点 upr。障碍物影响功能运行的第一步是比较顶部四个点的 z 值和雷达中心来确定影响类型。如果超过两个位置高于雷达中心，我们就可以认为障碍物处于比雷达高的位置。对于这种情况，可应用 Algorithm_1 计算相关影响。

　　在 Algorithm_1，如果所有的底部点高于雷达的中心点，则此障碍物没有引起对覆盖区域的影响。

　　但是如果至少有两个底部点低于雷达的中心，就意味着一部分光线被障碍挡住了，只有障碍物前的射线仍然存在。在这种情况下就有必要计算 θ 角来确定影响范围。在接下来的运行中，CityPlanning 将计算出所有底部节点的 θ 值。而其中受影响的范围是由具有最大的 θ 值的点 P_{max} 和具有最小的 θ 值的点 P_{min} 来确定的。将 P_{max} 和 P_{min} 投射到地面上就可获得 P_{max_g} 和 P_{min_g}，P_{max_g} 所对应的角度 θ 值叫做 θ_{max_g}，P_{min_g} 所对应的角度则被称为 θ_{min_g}。此时，数列 PointArray 中介于(indexmin，indexmax)之间的元素需要更新。其中 indexmin 与 indexmax 的值将由图 3-17 所示代码来确定。

```
if θmax_g < PointArray[1][1] or θmin_g > PointArray[PointArray.count][1]
        indexmin= indexmax =0    /*No influence*/
else
{
        if θmax_g ≥ PointArray[PointArray.count][1]  then
                i = PointArray.count
        else
                {
                for i = 1 to PointArray.count
                        if 0 ≤ θmax_g – PointArray[i][1] < Δθ, then indexmax = i
                }

        if θmin_g ≤ PointArray[1][1] then
                i = 1
        else
                {
                for i = 1 to PointArray.count
                        if 0 ≤ PointArray[i][1]- θmin_g < Δθ, then indexmin = i
                }
}
```

图 3-17　确定影响范围的相关代码

　　众所周知，两点可以确定一条直线，所以(P_{max_g}，P_{min_g})可在地面上创建一条直线。外部点 P_{eo} 和内部点 P_{ei} 也可在地面上形成直线。PointArray[i]中的一对外部点和内部点($P_{i\text{-eo}}$, $P_{i\text{-ei}}$)也可创建出直线。如图 3-18 所示，通过直线($P_{i\text{-eo}}$, $P_{i\text{-ei}}$)和直线($P_{\text{max\_g}}$, $P_{\text{min\_g}}$)，我们可以得到一个交叉点 P_i。

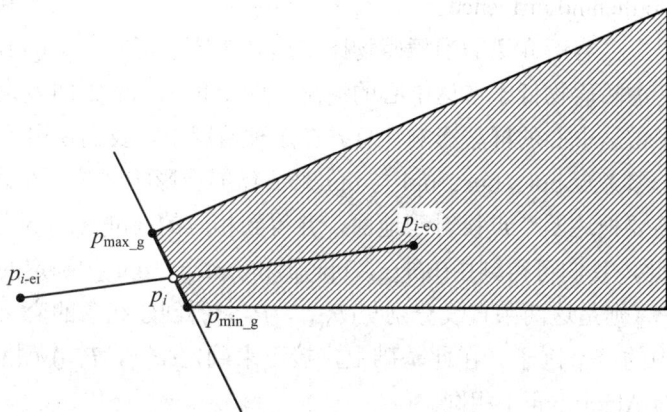

图 3-18　计算屏蔽影响的相关曲线

对于在数列 PointArray 中位于(indexmin，indexmax)之间的元素，其交叉点 P_i 由于数列的更新需要重新计算。图 3-18 中的例子可帮助说明如何计算 P_i 点的值。由($P_{i\text{-eo}}$, $P_{i\text{-ei}}$)确定的直线由以下公式来表示，x_{eo} 和 y_{eo} 是点 $P_{i\text{-eo}}$ 的坐标，而 x_{ei} 和 y_{ei} 则是点 $P_{i\text{-ei}}$ 的坐标。

$$y - y_{\text{eo}} = (x - x_{\text{eo}})\frac{y_{\text{ei}} - y_{\text{eo}}}{x_{\text{ei}} - x_{\text{eo}}} \tag{3-12}$$

同时，由点($P_{\text{max\_g}}$, $P_{\text{min\_g}}$)确定的直线表示如下：

$$y - y_{\text{min\_g}} = (x - x_{\text{min\_g}})\frac{y_{\text{max\_g}} - y_{\text{min\_g}}}{x_{\text{max\_g}} - x_{\text{min\_g}}} \tag{3-13}$$

$x_{\text{min\_g}}$ 与 $y_{\text{min\_g}}$ 是点 $P_{\text{min\_g}}$ 的坐标，同时 $x_{\text{max\_g}}$ 与 $y_{\text{max\_g}}$ 是点 $P_{\text{max\_g}}$ 的坐标。由此，我们就可以由式(3-12)和式(3-13)进行计算得到 P_i 的坐标。

除此之外，CityPlanning 还需要确定哪个点会由 P_i 所替代。与此同时，雷达中心在地面的投影称为 n_0。因此从 P_i 到 n_0 的距离称为 ll；投射点 n_0 与外部点 $P_{i\text{-eo}}$ 之间的距离称为 lo；同时，n_0 到内部点 $P_{i\text{-ei}}$ 之间的距离被称为 li。其比较算法如下：

if ll < li then detele ArrayPoint[i]

In this case all the rays in range (θmin_g，θmax_g) are barred by the obstacles.

if li < ll < lo then $P_{i-eo} = P_i$

if ll > lo then no influence

除了以上内容所介绍的当障碍物比雷达高的情况可应用 Algorithm_1，我们还需要考虑障碍物低于雷达中心的情况，而 Algorithm_2 即被设计为适用于障碍物低于雷达中心的屏蔽影响计算。在这种情况下，我们使用的是如图 3-16 所示的四个参考点 bpl、bpr、upl 与 upr 来估算屏蔽影响区域。在此类情况下，我们依然需要把这四个点投射到地面，并得到相应的 bpl_g、bpr_g、upl_g 和 upr_g。由此，我们可得到由(bpl_g，bpr_g)和(upl_g，upr_g)确定的两条直线。而 P_{i_1} 和 P_{i_2} 则是这两条直线分别与(P_{i-eo}, P_{i-ei})所创建线条的交叉点，图 3-19 展示了其中的一个例子。在此基础上，接下来确定(P_{i_1}, P_{i_2})范围内的屏蔽影响的部分与 Algorithm_1 相同。

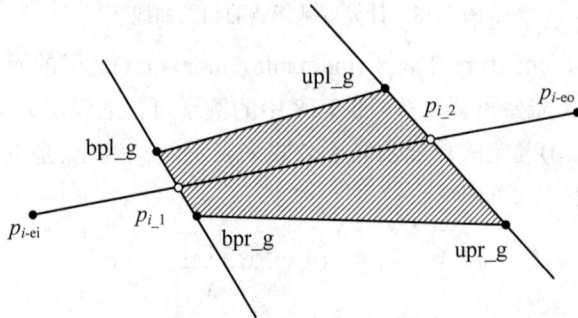

图 3-19　Algorithm_2 运行示例

算法 Algorithm_2 对于单个障碍物的运行是简单并快速的，但是如果在同方向有多个障碍物存在，其复杂程度会显著上升。在运行代码中包含所有可能的组合是很困难的，因此我们将算法 Algorithm_2 简化至算法 Algorithm_2.1。在算法 Algorithm_2.1 中，我们不再使用线性方程来计算 P_{i_1} 和 P_{i_2}，而是使用阴影来代表屏蔽影响。阴影是由 bpl_g、bpr_g、upl_g 和 upr_g 四个点所围合产生的，并在其中填充颜色。Algorithm_2.1 使用阴影来覆盖屏蔽所产生的面积而不再如常规算法般改变 PointArray 的值。这样做的优点是代码不需要包含所有可能的障碍物组合，大大降低了算法的复杂度。图 3-20 展示了两个障碍物屏蔽阴影的例子。

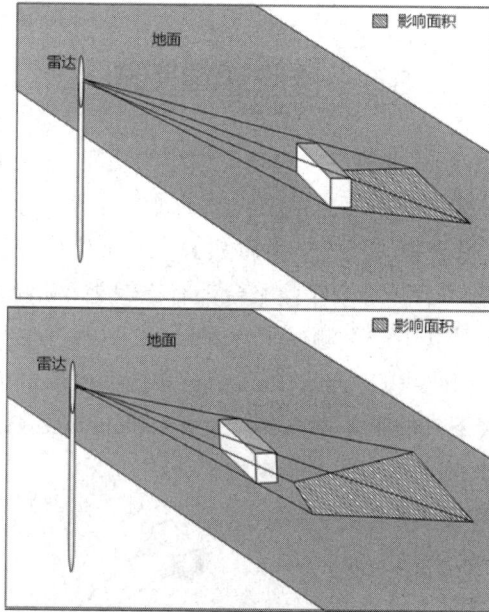

图 3-20　障碍物在地面上与障碍物高于地面的不同影响

图 3-21 展示了两个包含障碍物屏蔽影响的覆盖区域。在图 3-21(a)中，障碍物比雷达高，因此覆盖区域的一部分不再存在。图(b)是低于雷达的障碍物影响，因此屏蔽阴影后仍有覆盖区域。

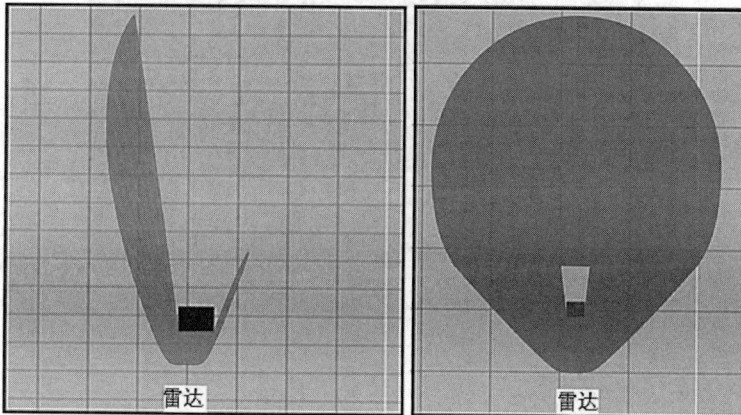

(a) 障碍物顶部高于雷达　　　　　　　(b) 障碍物顶部低于雷达

图 3-21　加入障碍物屏蔽影响的覆盖区域俯视图

3.5　接收功率预测

　　CityPlanningV0.1 同时也提供接收功率预测的功能。它是为评估虚拟雷达系统的精度而设计的。接收功率可应用公式(3-4)进行计算。计算结果在完成之前已被归一化。在现实世界中的接收功率将从 De Zaale 街的测试平台中提取。De Zaale 安装有两个实验平台。每个实验平台都有摄像头、雷达和传感器，其高度皆为 4 米。图 3-22 是其中一个测试平台的照片。实验平台中的雷达使用的是 k-mc1 雷达收发器。因此我们在 CityPlanning 系统中模拟一个虚拟的 k-mc1 雷达进行性能分析。接下来的第 4 章内容即为 CityPlanning v0.1 的性能分析，将对接收功率进行比较和讨论。

图 3-22　De Zaale 街道上的测试平台

第 4 章

系统性能分析

CityPlanning 虚拟街道系统搭建后，如何评估系统性能与准确度也是非常重要的一项工作。在荷兰埃因霍芬理工大学(TU/e)的校园中有一条搭载了两个测试平台的街道 De Zaale 街道，其测试平台所采集到的实时数据可为 CityPlanning 的系统评估提供参考比对的数据。因此本章中将详细展示 De Zaale 虚拟街道在 CityPlanning 系统中如何进行虚拟雷达性能评估的功能实现，并与真实街道的测试数据进行比较，验证其准确性。虚拟雷达系统的性能评估将使雷达性能预测功能为雷达系统在安装调试前提供了一种综合灵活的预估方法，减少了雷达安装后调适所产生的人力与资源的浪费，且为合适的雷达型号选择与参数设定提供了更客观的数据支撑。在雷达安装过程中，要确定的参数不仅是地理参数(位置、仰角、方位角等)，而且还包括技术属性参数(发射功率、噪声系数等)。参数组合的可能性将由性能标准来进行评估。在这个函数中，性能标准由特定性能的探测覆盖区域来表示。图 4-1 所示是用户输入参数值的用户界面设计。在这一章节中，我们给出了该雷达性能预测函数的一些结果和分析。

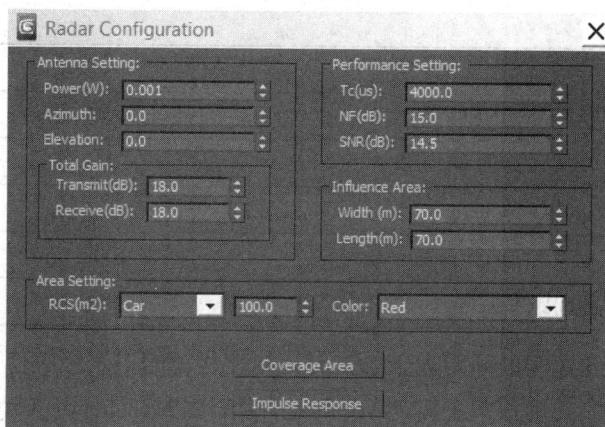

图 4-1 雷达性能预测功能的用户界面

4.1 算法的应用

在案例中，CityPlanning 采用调频连续波(FMCW)雷达系统来进行性能分析。FMCW 雷达的带宽等于 $1/T_c$，其中 T_c 为线性调频脉冲持续时间。由此，我们得到了探测距离公式为：

$$d = \sqrt[4]{\frac{P_t G_t G_r \xi \lambda^2 T_c}{(4\pi)^3 \text{SNR} \, 10^{(-174-30+\text{NF})/10}}} \tag{4-1}$$

在校园的实验平台上所使用的雷达是 K-MC1，K-MC1 雷达的相关参数见表 4-1。

表 4-1 参数设置

项目名称	数值
高度/Height	4 (m)
探测概率/Detection probability	95%
误报率/FAR (False Alarm Rate)	0.1%
发送信号功率/Pt	0.001 (watts)
峰值增益/Peak Gain (transmit)	18 (dB)
峰值增益/Peak Gain (receive)	18 (dB)

续表

项目名称	数值
噪声系数/NF	15 (dB)
频率/Frequency	24 (GHz)
脉冲持续时间/Tc	4 ms
雷达散射截面积 Σ(car)/Σ(pedestrian)	100 / 1 (m^2)
阵元间距/Spacing	0.6λ

当天线阵元之间的间距大于 $\lambda/2$ 时，幅度相等的多个极大值可以形成，其中辐射强度最大的瓣称为主瓣，其余的是旁瓣。因为在本书中 CityPlanningV0.1 模拟的是虚拟 K-MC1 天线的性能分析，所以我们如 K-MC1 一样定义阵元间距为 0.6λ。图 4-2 展示了虚拟 K-MC1 雷达水平平面和垂直平面的辐射图。

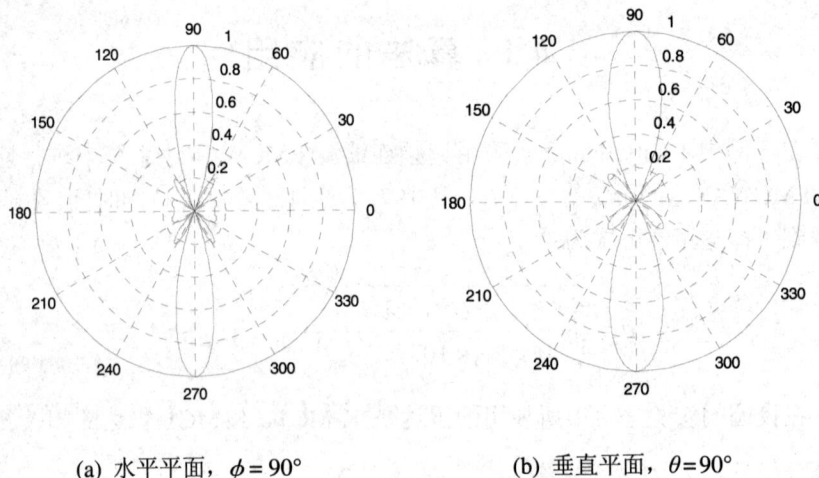

(a) 水平平面，$\phi=90°$ (b) 垂直平面，$\theta=90°$

图 4-2　雷达系统的辐射图

4.1.1　比较不同的方位角和仰角

方位角 AziAngle 是相对于地理北极的角度，而仰角 Eleangle 是雷达的几何中心的方向与理想的地平线之间的角度。当雷达指向地理北时，方位角等于零。在这种情况下，如果雷达垂直于街道时，仰角等于零。方位角和仰角的选择有助于雷达系统具有更宽的覆盖面积和更精确的方向来探测到交通状况。在这一章节中，我们计算了两组实验。在实验中使用的雷达天线是我们在第 4.1 节所介绍的天线。

图 4-3 是第一组实验的结果。在这一组中，我们分别对 95°、97° 和 99° 三个方位角进行了雷达性能预测。

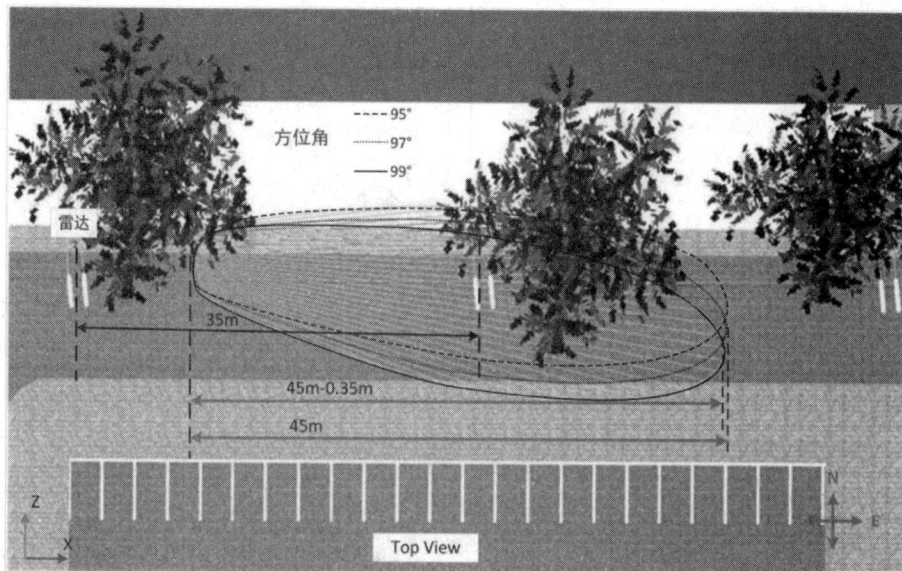

图 4-3　自行车在不同方位角的覆盖面积(SNR≥14.5 dB)

虚线的轮廓所代表的区域为 CityPlanning v0.1 在 θ 等于 95° 以及信噪比 SNR=145 dB 的情况下所绘制的雷达探测覆盖区。它的探测距离比其他两个方位角要长，但不能覆盖整个街道，街道的另一边会存在一个盲区。因此我们将 θ 角增加至 97° 和 99° 从而分别得到点线和实线轮廓的雷达覆盖区。这两个方位角的雷达可以完全覆盖街道的宽度，保证零盲区。同时，将 θ 等于 97° 和 99° 的覆盖面积相比较，97° 的覆盖区域比 99° 的覆盖区域有更长的探测距离，但 97° 区域在街道上有较大的覆盖面积。用户可以根据自己的需求及标准选择更优的解决方案。由此，可得出结论，City Planning 对实际安装过程中的微调所产生的影响也具备足够的敏感度。

图 4-5 是第二组实验的结果。在实验中，我们设计了一系列除了仰角外具有相同参数设置的场景。图 4-5 中所示的形状代表的是当仰角分别等于 0°、3°、5°、7° 时探测概率大于等于 95%时的覆盖区域。由于这种天线增益峰值发生在雷达的局部坐标系中当 ϕ 等于 90° 的时候，因此俯仰角的变化也会造

成增益峰值的方向变化。图 4-4 显示当仰角分别等于 0° 和 7° 时增益峰值的方向。

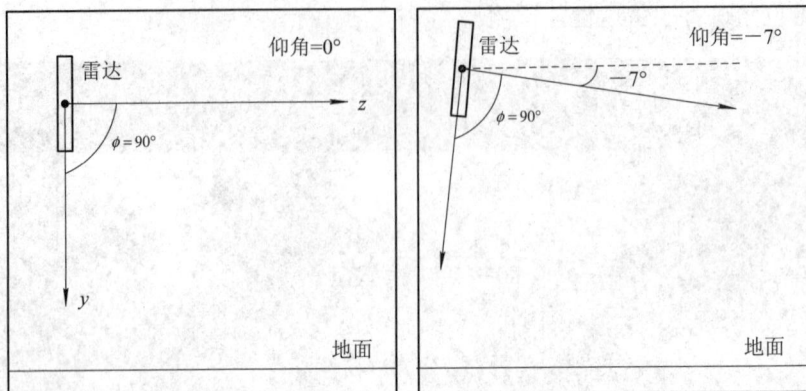

图 4-4　在俯仰角分别等于 0° 与 -7° 时的峰值增益方向对比

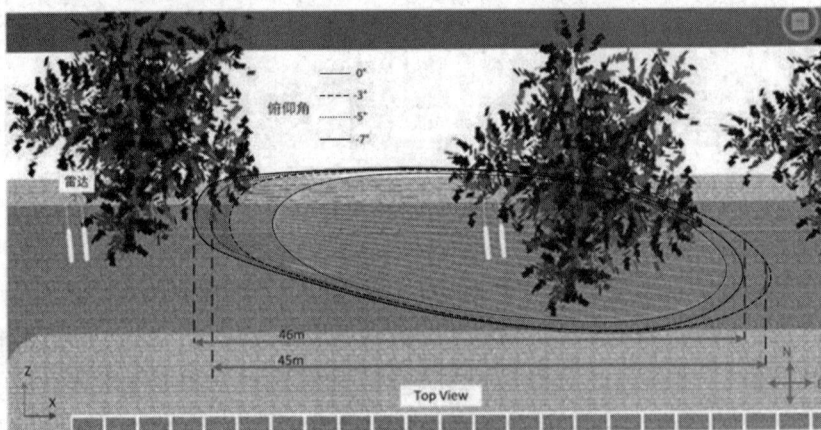

图 4-5　不同俯仰角度下对自行车探测的覆盖面积(SNR≥14.5 dB)

CityPlanning v0.1 在仰角等于 0° 时所绘制的雷达探测覆盖区域，也就是垂直于街道时的探测覆盖面积，此时的仰角设置产生的是最小的覆盖面积，同时与其他三个设置相比也是最短的探测距离。当我们调整仰角到-3°使雷达面向街道时，我们得到的探测覆盖区域的面积和长度都比在仰角等于 0° 时得到的覆盖面积大。在接下来的实验中，我们不断地增加仰角。可见，仰角等于-5°的覆盖面积比仰角等于-7°的轮廓面积大、探测区域长，但覆盖面积已不再随着仰角增加而增大。在仰角等于-7°的情况下，我们发现覆盖区域的探测距离已经远小于我们在仰角为−5°时所得到的距离。这意味着在峰值增益方向上的探测距离的端点已经低于地面。从以上结果可以看出，当仰角在−5°左右时，这种情况下的覆盖面积最大。

4.1.2　制定针对不同对象的方案(汽车，行人)

在前面一节中，我们得出在此案例中仰角等于-5°时可以得到更大的自行车探测覆盖面积的结论。但这个仰角并不一定适合汽车的探测。所以，设计师可以使用 CityPlanning v0.1 进行一些决策的权衡并定义最优的解决方案。图 4-6 显示了两种不同仰角下针对不同探测对象的雷达探测覆盖区域绘制情况。在第一种场景中的仰角等于 −3°，我们分别绘制了自行车和汽车的探测覆盖面积。第二种情况是仰角等于 −5°，在这种情况下，我们可以看到，当仰角等于 −3° 时具备更好的对汽车的探测范围。它的覆盖面积与探测距离远远大于仰角为 −5° 时的区域。但是从上一节的内容中以及图 4-6 中可以看出，当仰角等于 −5° 时雷达具备更好的对自行车的探测。由此我们可以看到，用户可以简单直观地输入用户需求并根据 City Planning v0.1 的结果分析做出设计决定。

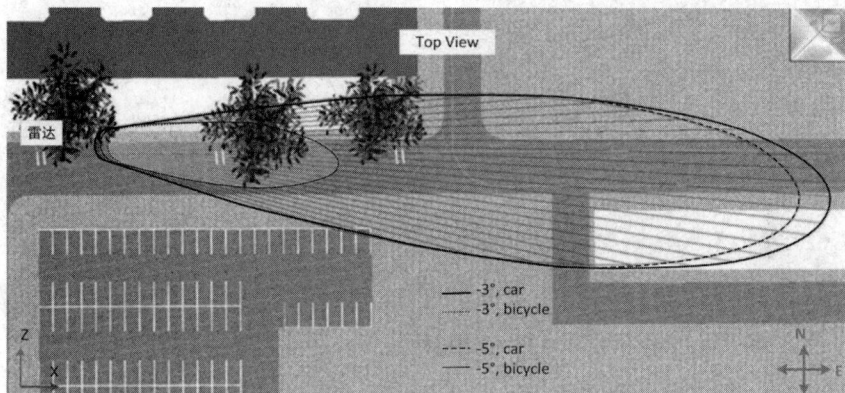

图 4-6　自行车与汽车在不同仰角下的探测覆盖面积(SNR≥14.5 dB)

4.1.3　不同信噪比与参数设置下的探测覆盖面积

雷达参数的设置也会对探测覆盖范围产生影响。研究人员可以运用 CityPlanning v0.1 调整参数设置来验证或改进新设计雷达的性能。在这一部分中，我们展示了不同雷达参数设置的结果。图 4-7 显示了具有相同参数设置但不同信噪比要求的雷达的结果。图 4-8 是雷达具备不同 T_c 值的探测覆盖面积绘制结果。

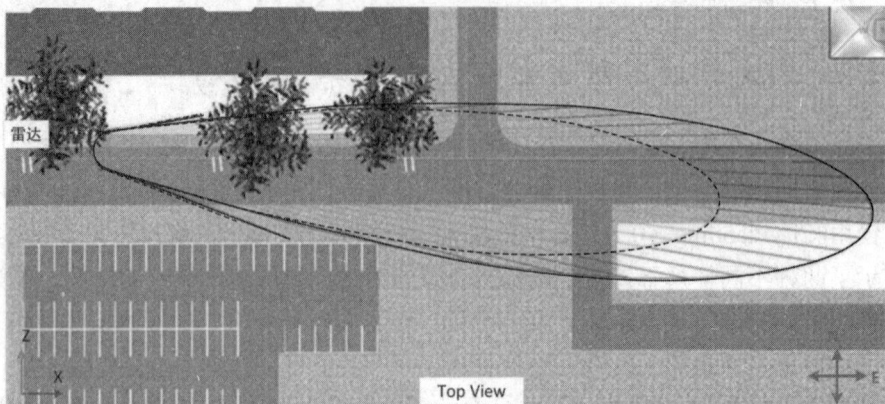

图 4-7 当 SNR = 14.5 dB 与 SNR = 18 dB 时的探测覆盖面积

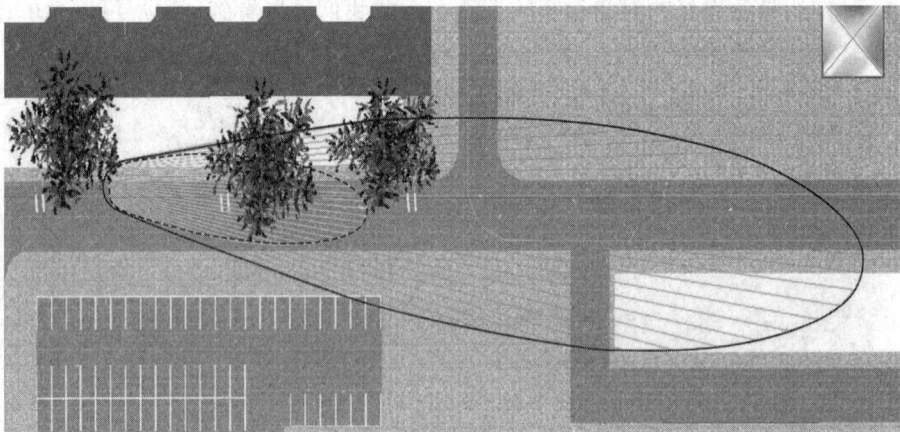

图 4-8 当参数设置为 T_c=100 us 与 T_c=4 ms 时的探测覆盖面积(SNR = 14.5 dB)

4.2 障碍物(建筑物)影响

在具有简单形状的障碍物的环境下，屏蔽影响计算算法的性能非常好。但是在像 Campus 2020 这样的虚拟现实世界模型其情况会更加复杂。虚拟现实世界环境面临着若干挑战：

(1) 由于屏蔽影响计算算法无法对所有树叶的位置和面积进行分类，因此树叶叶片的屏蔽影响很难计算。

(2) 在屏蔽影响计算算法中障碍物的形状是由包围盒所确定的。而在 3DS Max 中，此方法在为不规则形状的对象创建包围盒时会产生错误，因为它会使用整个对象的框架而不是单个对象，如单个叶片。

因此，屏蔽影响的计算算法暂时不包括树木和路灯柱的影响。图 4-9 是汽车探测的覆盖区域以及其被建筑物 tue w-laag 所阻碍的情况。

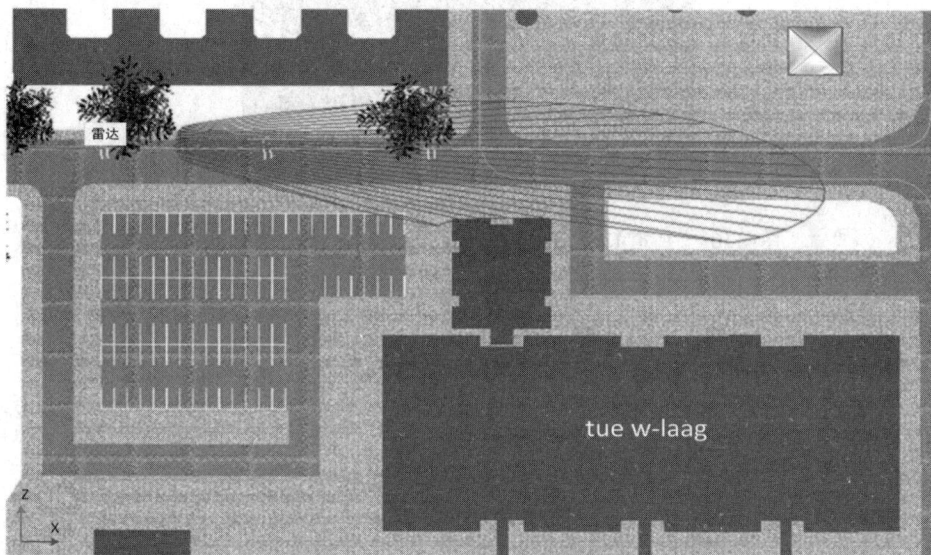

图 4-9　加入建筑物 tue w-laag 屏蔽影响的探测覆盖面积

4.3　虚拟雷达验证

为了验证虚拟雷达传感器结果的准确性，我们将其与 RFBEAM K-MC1 连续波多普勒雷达传感器的测量结果进行比较。实验使用的室外交通与照明实验平台安装在埃因霍芬技术大学(TU/e)校园。K-MC1 雷达传感器的中心频率为 24 GHz，且安装在离地 4 米高的灯杆上，如图 4-10 所示。

图 4-11 显示了使用虚拟雷达传感器获得的接收信号功率值和使用实验平台测量得到的信号之间的比较。

图 4-10 街道 De Zaale 上的测试平台与雷达传感器所在位置

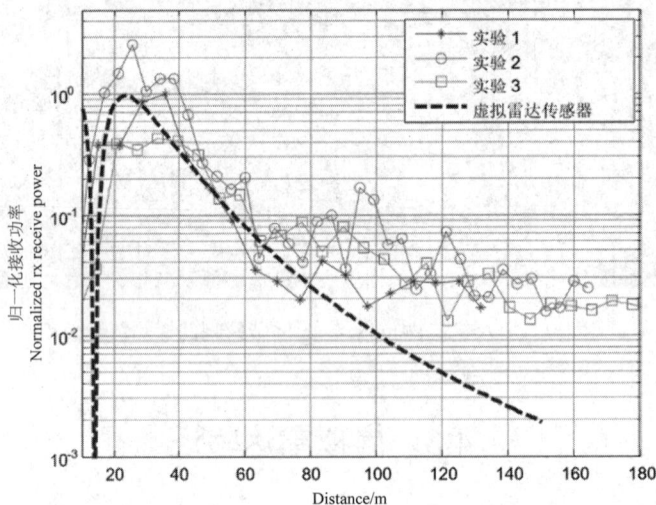

图 4-11 虚拟雷达实验数据与真实街道测试平台数据的比较

图 4-11 中包含 3 次实验结果的分析。三个实验的目标是三种不同的汽车，同时 X 轴显示了汽车和灯杆之间的距离。为了避免实验放大器中信号放大引起的信号差异，我们用相同的归一化因子归一化了三个实验的信号功率，使得中试实验的最大接收功率的值等于 1。因此，我们对虚拟雷达传感器的接收功率也进行归一化处理，使得其最大值也等于 1。从图中我们可以观察到以下现象

及结论：

(1) 虚拟雷达传感器的信号功率与实际测量值在探测距离为 15～80 米之间表现出了良好的一致性。

(2) 当探测距离大于 80 米之后，测得的功率收敛到同一水平，即测量中的噪声层。

(3) 由于来自三种不同车辆雷达截面积(RCS)的差异而产生的接收信号功率传播的差异性并不显著。

4.4　系统设计总结与讨论

经过大量的实验与数据分析，对于 CityPlanning v0.1 的基本性能以及项目执行的状况已有了良好的反馈。这个项目的重点是设计一个 3D 户外规划工具 CityPlanning。CityPlanning 的四种模式允许用户设计和规划城市街道系统，以动画的方法展示设计方案，分析设备的数据和性能(例如，照明系统和雷达系统)、智能管理城市路灯系统的基础设施。本书主要描述的是 CityPlanning 的整体系统设计以及雷达性能预测的功能实现。对现阶段工作与成果的总结包括：

(1) Autodesk 3DS Max 是一个强大的和适合于 CityPlanning 开发的平台。我们在 3DS Max 中使用的函数是：

- 3D 建模与动画。
- 通过 MAXScript 开发的功能扩展。
- 用户界面定制。

(2) CityPlanning 可以从由飞利浦提供的数据库导入 3D 光源，同时也支持从其他有正确文件格式的产品数据库的公司导入产品。

(3) CityPlanningv0.1 完成了雷达性能预测功能。该功能可绘制特定的参数设置下的雷达探测覆盖面积图。雷达性能预测功能允许用户：

- 在安装前找出雷达参数设置的最佳方案。
- 找出具有最佳探测性能的位置和角度。
- 设计一种对不同目标对象探测皆具有良好性能的最佳解决方案。
- 比较不同雷达的性能。

(4) 在实际测试台上进行数据分析后，发现传感器周围 5 米内的接收功率丢失，图 4-11 显示的是从 r＝5 米开始的数据，因此辐射模式的主瓣是设置中最重要的部分，也是在本书中所比较的部分。

从第 4 章的性能分析中可以发现，雷达性能预测函数对于参数组合是灵活的，并为性能分析提供了精确的结果。用户界面结合了 3DS Max 视图中不同用户偏好的数据输入和修改方式。此外，CityPlanning 为覆盖面积绘制设计了一个收敛算法，使得绘制算法的运行时间大大减少。计算和绘制覆盖面积的平均运行时间为 3 分钟。

至现阶段为止，CityPlanning 还没有完全实现。还有很多后续的工作需要进行，在第二阶段的工作中，将重点发展以下内容：

(1) 从图 2-6 中可以发现，雷达性能功能是规划模式和研究模式的功能之一。此外，另一个收集和分析三维虚拟现实世界中物体脉冲响应的功能也已开发完成。由于此系统的内容为并行开发流程，因此，未来还需将多个功能用例与用户界面进行整合。

(2) 在开发阶段系统所使用的 3D 模型是 Campus2020 校园模型，且在第一阶段选择其中的 De Zaale 街道。De Zaale 街道的特殊性在于其街道上布置有两个实验平台，其中包括雷达测试台、照相机和传感器等设备。因此在性能评估过程中可将数据从实验台上进行收集，并对雷达性能分析功能与实验台的数据进行比较，得到 CityPlanning 性能评估最准确的反馈。后期工作中，将继续进行不间断的实验设置，测试不同类型设备以及对象所产生的数据，从而对算法进行全面评估与优化。

(3) CityPlanning v0.1 为了不同的使用目的设计了四种工作模式，即研究模式、规划模式、开发模式和体验模式。这四种模式的其他功能将在未来实现。

(4) 三维模型的自动生成也是 CityPlanning 未来工作的重点，项目将在未来花费更多的精力来定义或寻找未自动生成三维模型的解决方案，并整合至系统中，提高用户效率。

(5) CityPlanning v0.2 将进行照明控制插件的设计与实现。在照明控制插件开发过程中，将考虑如何将 DIALux 的优良的光性能分析功能引入到系统当中。

(6) 使用包围盒函数计算障碍物的屏蔽影响对于不规则形状的障碍物有较大的限制，比如树木和灯柱。一种可行的解决办法是把障碍物分成几个由基本形状组成的部分。因此未来的算法优化中将尝试这一解决方案，并在三维建模中就进行相应的需求更改。

第5章

系统需求解析

本章内容将阐述系统需求解析(System Requirements Specification，SRS)文件的相关内容。在第 2 章的内容中已描述了 CityPlanning 所面向的用户群体以及需求识别的相关方法，但并未列明详细的需求列表，在本章中将选取 SRS 文件中的系统概述与需求列表等内容，详细描述用户需求识别的相关内容。

5.1 系统概述

CityPlanning 系统平台基于不同的目的和目标用户，有四种模式，分别为规划模式、体验模式、开发模式和研究模式。

在这个项目的定义阶段，对于用户需求根据不同用户子群体进行了单独的解析，分类整合后对应至不同的模式当中以满足用户在不同目的与场景中选择。图 5-1 是系统开发的流程图。在这个图中清楚地标示出了不同阶段的输入，同时，还标示了输出方式以及附加数据模型(如灵敏度模型等)。

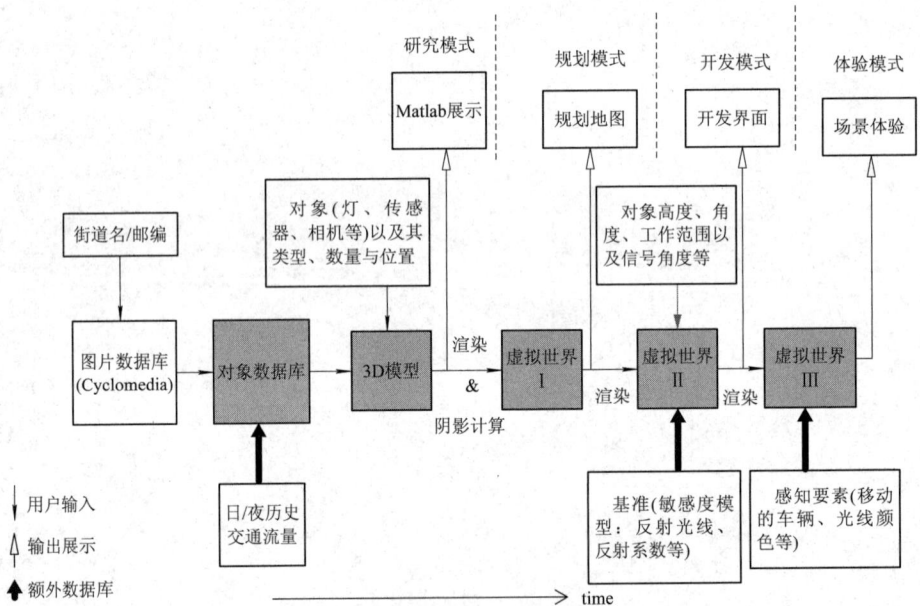

图 5-1　CityPlanning 系统平台工作流程图

5.2　用　户　特　征

此平台设计所针对的用户子群体包括四类：研究者、城市规划师、设计师和营销者/购买决策者。下面将对四类用户群体进行简单的描述。

典型用户群体一：技术研究人员& 用户体验研究人员。

技术研究人员要有足够的自由和控制来构建自己的模型。此外，他们将使用该工具进行分析和评估模型。

典型用户群体二：规划师。

规划师们将使用工具进行路灯杆的定位，灯具、照相机、传感器等部件的选择以及控制方式的制定。规划师使用系统时不需要具备技术背景。规划师需要考虑更多的方面，如电源盒的位置、成本、美观度等。

典型用户群体三：设计师。

设计师需要根据计划的框架对系统进行优化。设计师需要确定对象的所有细节，如角度、类型、影响面积等。工具应该能够显示对象和系统的参数。

典型用户群体四：营销者/购买决策者。

购买决策者需要可以播放描述街道设计的视频。他们还需要可以调整设置并实时播放更新了设置后的街道场景视频。

5.3　主要系统需求

虚拟现实规划工具(Planning VR Tool)是一个进行路灯杆的定位，灯具、照相机、传感器等部件的选择以及控制方式制定的三维计算机辅助设计(CAD)工具：

(1) 虚拟现实规划工具应该具有街景展示功能。

(2) 虚拟现实规划工具应该以 3D 格式展示对象物体(如树木、建筑物、电线杆等)。

(3) 虚拟现实规划工具可允许用户添加对象：路灯、传感器和相机。

(4) 虚拟现实规划工具应能够通过 3D 格式显示新添加的对象。

(5) 虚拟现实规划工具应显示场景的相关参数，如交通流量、光照水平、传感器的性能等。

(6) 虚拟现实规划工具将根据场景的变化实时更新相关参数。

(7) 虚拟现实规划工具将显示不同时间段的虚拟世界，如白天或晚上。

(8) 虚拟现实规划工具应能够通过二维草图的格式表达设计。

虚拟现实体验工具(Experience VR tool)的目的是为决策者提供一个生动的虚拟现实设计体验，可在进行设计展示以及用户体验数据采集中成为有效的工具：

(1) 虚拟现实体验工具应能显示实时视频。

(2) 虚拟现实体验工具应根据参数的设置更改实时显示视频。

虚拟现实开发工具(Deployment VR tool)是预先评估优化设置的CAD工具，并可在调试期间将其上传到对应的虚拟设备进行效果评估：

(1) 虚拟现实开发工具应具有街景视图。

(2) 虚拟现实开发工具应以3D格式展示对象物体(树木、建筑物、电线杆等)。

(3) 虚拟现实开发工具应能显示所选定对象的设置(灯型，传感器的类型、方向、角度、覆盖范围、信号强度等)。

(4) 虚拟现实开发工具应能够以3D格式展示虚拟世界对象的格式设置。

(5) 虚拟现实开发工具应允许用户通过数据的输入调整对象的设置。

(6) 虚拟现实开发工具应允许用户通过在虚拟环境中拖动对象更改虚拟物体的位置(路灯、传感器)。

(7) 虚拟现实开发工具应可以在1秒以内展示虚拟对象的参数设置变化。

(8) 虚拟现实开发工具应能够评估参数设置的性能。

(9) 虚拟现实开发工具应展示虚拟现实世界在不同时间点的场景(如白天与黑夜)。

虚拟现实研究工具(Research VR tool)可帮助研究人员对新设计进行建模、仿真和性能预测。研究工具在数据采集与分析等方面有较大优势：

(1) 虚拟现实研究工具应当具有虚拟现实规划工具与虚拟现实开发工具的所有功能。

(2) 虚拟现实研究工具将允许研究人员自由开展不同的实验，收集不同类型的数据(通道、研究信号、算法性能等)。

(3) 虚拟现实研究工具将允许研究者对不同的算法进行实验与评估。

(4) 虚拟现实研究工具应能够导出数据并通过Matlab进行数据展示。

图5-2所示为CityPlanning系统架构图。

用户设置输入

图形化用户界面/Graphic User Interface

| 3D显示 | 规划地图 | Matlab展示 | 实时视频 | 调整输入框架 |

| 规划模式 | 开发模式 | 研究模式 | 体验模式 | 用户输入处理器 |

模式处理器

阳光与阴影处理器

| 白天场景 | 夜间场景 |

3D模型
(Virtual World)

相机、雷达和其他传感器的敏感度模型

调查模型
(性能参数)

3D展示技术

对象数据库

动态模型

日/夜历史交通强度模型(机动车、非机动车、行人)

静态模型

图像数据库
(Cyclomedia)

① 1st阶段：使用已完成的 3D 数据库De Saale, TU/e。

2nd阶段：创建 3D 对象抽取功能，Cyclomedia。

② 未定义，Cyclomedia。

③ 未定义，google earth 具备24小时变换的相同功能。

④ 3DS Max plugin。

⑤ 未定义，用户研究团队参与。

⑥ 未定义数据来源。

▨ 相关模式可结合使用，也可针对不同使用目的选择对应的软件版本分别使用。

■ 软件最终版本将具有 3D 对象自动提取功能，但在最初的开发中系统使用现有的人为创建的3D模型。

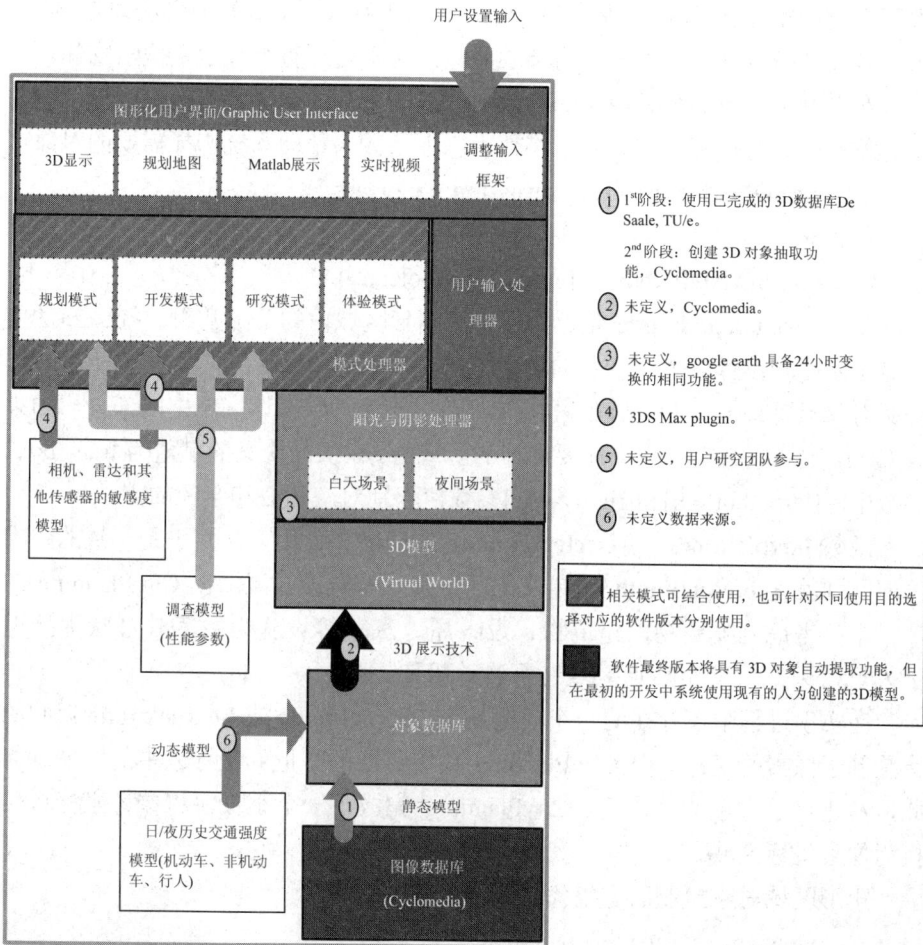

图 5-2 CityPlanning 系统架构图

5.4 辅助功能实现：区域内的物体检索

为了在进行性能评估时考虑障碍物的影响，系统需要找出会影响雷达性能的物体对象。因此，第一步需要实现的是访问对象数据库找出候选对象并获得它们的属性。对象数据库中的完全搜索是最直接精确的解决方案。但是这个工具是为城市的街道设计而设计的。如果三维模型是整个城市，那么在大城市进行全面搜索会造成大量冗余。因此，更好的选择是定义范围并在范围内进行搜

索工作。例如，现在我们要设计 De Zaale 街道照明系统，最好的方法即是用 100
米左右的半径定义一个以雷达为圆心的圆，而不是从整个大学中搜索物体。

在系统中，我们会运用 MaxScript 开发一个小的代码来实现在圆形范围内
的对象拾取。在这部分代码中，将使用以下函数来帮助系统选择需要的对象：

circlePickNode<box2> [**crossing**:<boolean>]

or

boxPickNode<box2> [**crossing**:<boolean>]

函数 **circularpicknode** 将返回指定的圆形区域内的节点数组。<box2>的值
指定了圆心和以像素值来表示的圆周上的一个点。如果交叉，参数值即为 true，
说明对象只有部分在制定圆形区域内，则只选择对象在该区域中的部分。如果
为 false，则对象必定是完全在要选择的区域内。默认的交叉的赋值为 true。box2
参数中的[left，bottom]和[right，top]参数值分别对应圆心和半径的点。

函数 **boxpicknode** 与 **circlepicknode** 的功能和使用方法几乎是一致的，唯
一的区别就是 **boxpicknode** 所定义的区域是一个矩形区域。在 CityPlanning 的
项目中，考虑到障碍物以建筑物、设备屋、汽车等设施为主，其形状更接近
于方形，因此将使用矩形区域进行物体拾取。

在实现过程中还存在的一个问题是，**circlepicknode** 或 **boxpicknode** 返回的
皆是基于像素的坐标，但 CityPlanning 最终需要的是世界坐标系中的区域。为
此，在进行了大量的工作后，CityPlanning 完成了一个小程序将参考坐标系转
换为像素坐标区域。

矩形区域对象拾取的完整代码如下：

```
viewport.setType #view_top
VS = getViewSize()
UpLeft = mapScreenToCP [0,0]
BottomRight = mapScreenToCP VS
ScreenHorizontal = abs(UpLeft.x - BottomRight.x)
ScreenVertical = abs(UpLeft.y - BottomRight.y)
PixelPerMeterHorizontal = VS.x / ScreenHorizontal
PixelPerMeterVertical = VS.y / ScreenVertical

point01 = point pos:[23,38,0]        --left-top point
```

point02 = point pos:[123,138,0] ---right-bottom point

Point01Scr = [in coordsys screen point01.position.x + 0.5 * ScreenHorizontal, in coordsys screen point01.position.y * (-1) + 0.5 * ScreenVertical]

Point02Scr = [in coordsys screen point02.position.x + 0.5 * ScreenHorizontal, in coordsys screen point02.position.y * (-1) + 0.5 * ScreenVertical]

Point01Pix = [Point01Scr.x * PixelPerMeterHorizontal, Point01Scr.y * PixelPerMeterVertical]

Point02Pix = [Point02Scr.x * PixelPerMeterHorizontal, Point02Scr.y * PixelPerMeterVertical]

boxregion = box2 Point01Pix Point02Pix

delete point01
delete point02

for obj in (boxPickNode boxRegion crossing:true) do
print obj.name

在 for 循环中，系统打印此范围中所有对象的名称，并且还可以获得此范围内对象的其他属性。功能函数 **showProperties** 可以用来显示一个对象的所有可用的属性。

第6章

项目管理

在项目的进行中，出于项目管理的目的以及为后来团队提供更完整的记录，团队一直较好地进行了基线文件的更新。在这一章中，我们将部分基线文件的内容展示给大家，作为整个项目进度的一个纵览。由于项目性质以及相关隐私的问题，涉及个人背景的一些内容并没有展示在此内容中。此外，由于所有的项目原文皆为英文原文，因此内容在展示过程中有一定调整，并非基线文件原文。文件中所展示的时间也根据书籍需要有一定调整。修订记录见表 6-1。

表 6-1　修订记录

版　本	日　　期	修　　改
1.0	6th, December,2015	
2.0	14th, February,2016	(1) 更新问题定义 (2) 更新风险评估
3.0	05th, June,2016	(1) 将字体改为 Andalus (2) 增加了进度控制图
4.0	19th, August, 2016	更新成果部分

(1) 基线文档第 2.0 版本：在此阶段，对问题定义的内容进行了更新，在需求分析后调整了项目的方向与风险评估。

(2) 基线文档第 3.0 版本：在此阶段，项目团队正进行到设计功能实现的部分。这个版本的字体是 "Andalus"，大小为 11。

(3) 基线文档第 4.0 版本：项目在此阶段已完成。CityPlanning 架构设计已经完成并开发完成第一个版本。现在将这份基线文件作为最后报告的附录。

6.1　简　　介

现在，在新建的建筑物实际建造之前使用三维模型是很普遍的做法。人们可利用它来更好地感受生活在其中的体验。户外规划软件专注于导航(谷歌街景，微软街景)，旅游/商务推广(CyberCity 3D 的 3D BizzMap, EveryScape, Mapjack)，交通规划与管理(Cyclomedia 产品, Yotta DCL)，环境保护(CyberCity 3D 三维碳计算器)，GSM、UMTS、WiMAX、Tetra、DVB-T、FM 的无线频率规划工具，C2000 急救服务，噪声污染预测模型等等。Calculux 就是这样一种工具，Calculux 是飞利浦公司所开发旨在用于模拟实际照明情况和分析不同的照明装置从而找到最佳的解决方案。它对任何平面矩形计算区域进行照明计算；为照明设计方案提供质量范围广泛的图片，特别是灯具的位置和方向。软件适用于单独的灯具设计，同时也适用于线、点、区域或自由安排的灯具设计。Calculux 还可预测财务问题，包括不同灯具的能源、投资、消耗和维修费用等。但是 Calculux 的一个缺点是没有足够生动的可视化为用户提供相关体验且这个工具并没有包括现有基础设施和环境的影响。

　　本项目所关注的为室外空间的规划中虚拟现实设计工具的应用，在本项目中所设计的 3D 虚拟现实规划工具将通过提供 2D 和 3D 的虚拟现实世界，提供了各场景的虚拟体验。用户也可以使用类似的 3D 工具来更好地规划新的社区，准备大型活动，安装和调整照明系统等基础设施。

　　本项目的目标旨在通过对现有城市设施，例如照明灯杆、建筑物、绿化、城市家具进行数字建模，从而分析和评价此类设施与新技术照明、无线电通讯、安防系统、城市交通噪声控制等基础设施的相互影响。CityPlanning 为更安全、更绿色的城市建设提供了一个"虚拟现实"环境。虚拟现实意味着软件环境使用真实世界捕获的图像，并从图像中提取虚拟人、车辆、街道家具或动态照明等要素组成三维虚拟环境。系统平台需要能够通过移动对象提供增强的现实世界的 2D 或 3D 视图。此外，该工具还支持主观经验测试，例如感知安全性，评估传感器系统的性能(如照相机、雷达、超声波、麦克风)。

6.2　成　　果

6.2.1　问题的定义

　　随着城市化进程的加快，城市规划显得越来越重要。发展大城市需要仔细规划。良好的城市规划包括五个方面：

(1) 节约能源：能源是一个世界性的问题，而且会越来越严重。降低照明系统的能耗将是非常重要和有效的。

(2) 污染控制：城市中存在着各种各样的污染。像光污染，声音污染和无线电信号干扰，碳足迹计算。

(3) 户外安全：促进城市居民安全出行也很重要。据统计报表和调查表明，对比街道而言，行人事故在有照明的乡村道路上风险增加约 17%，但是在黑暗的乡村道路上骤增至 145%；在多雨环境下，有照明的乡村道路事故发生的风险将增加 50%，但是如果是无照明的黑暗乡村道路则增加至 190%。对于行人所发生的事故而言，照明显得更加重要，因为调查发现，对于有照明的乡村道路，其行人产生事故的风险为增加 140%，但是如果是黑暗乡村道路环境，则将高达 360%。什么样的灯光模式对行人和驾驶员安全更有益至今并无定论，因此在安装前对照明系统进行模拟对于城市规划而言是非常有吸引力的。

(4) 城市美化：除了减少交通噪音和无线电信号干扰，规划和调整城市基础设施从而优化并美化照明设施也很重要。此外，灯光效果可以极大地增强人类的感知体验。

(5) 节约成本：计划中的一个小错误很有可能在未来的城市发展中造成很大的问题。良好的规划可以大大节省安装和维护成本。

6.2.2　成果

整个项目预期实现系统平台的开发，但在第一阶段的项目中只实现部分功能。本项目的第一个版本我们称为 CityPlanning v0.1。CityPlanning v0.1 只专注于系统级设计和实现三维可视化部分。如果时间进度按计划严格执行，系统设计中的两个主要功能将得到实现。如果时间允许，将增加一些额外的功能的实现。CityPlanning v0.1 具有雷达性能分析、脉冲计算和接收功率预测功能。

对于整个项目，结果将是报告、演示、代码和展示：

(1) 由 MaxScript 所开发的代码包括：

① 城市规划与发展的虚拟现实软件工具(CityPlanning v0.1)。

② 测试和评价方法。

(2) 所生成的报告包括以下内容：

① 系统需求解析。

② 细节设计。

③ VR 工具的系统架构。

④ VR 工具的模拟结果。

⑤ 性能分析。

(3) 展示：

① 幻灯片

② 演示系统设计的 Demo(视频)。

6.2.3　项目局限性

本项目的局限性有：

(1) 研究中的所有内容不会在项目结束时完整实施，从 CityPlanning v0.1 项目中可以得到的是：

① 实现三维可视化和雷达相关的功能。

② 研究报告与展示。

(2) 城市视图和街景视图的数据库无法做到真正的完整。而从二维图像中直接获取三维模型需要大量的人机交互。因此，我们以 TU/e 校园的三维模型为项目出发点。

6.2.4　项目阶段性成果

截至 2016 年 01 月所得到的成果包括：

① 系统需求解析。

② 细节设计。

③ VR 工具的系统架构。

④ CityPlanning v0.1。

6.3　阶 段 计 划

需求解析是系统设计过程中非常重要的一环。因此，我们将定义阶段从设计阶段中单独分离开来。

1．初始化阶段

(1) 执行时间：两周。

(2) 活动内容：

① 确定该项目的目标。

② 熟悉工作环境，与参与项目的人员建立联系。

(3) 结果输出：问题定义的文件与 PPT。

2．定义阶段

(1) 执行时间：六周。

(2) 活动内容：

① 搜索和研究文件，学习现有解决方案和应用的文献。

② 解析系统的功能性/非功能性需求。

(3) 结果输出：系统要求解析(SRS)文件。

3．设计阶段

(1) 执行时间：十四周(包含四周假期)。

(2) 活动内容：

① 设计系统架构。

② 找出现有的解决方案。

③ 定义还未实现的解决方案。

④ 对现有工具和资源进行盘点。

(3) 结果输出：

① 系统架构图。

② 解决方案和设计的文件和 PPT。

4．实现阶段

(1) 执行时间：十六周+两周。

(2) 活动内容：

① 修改系统架构并更新系统需求解析文件。

② 实现功能的可视化部分。

(3) 结果输出：

① 功能实现的代码。

② 更新 SRS 文档和架构图。

5. 评估阶段

(1) 执行时间：六周 + 1 周。

(2) 活动内容：

① 调试软件代码。

② 评估执行的功能的性能。

③ 开始编写最后报告。

(3) 结果输出：

① 功能实现的代码。

② 性能分析报告。

③ 最后报告草稿。

6. 后续阶段

(1) 执行时间：六周 + 1 周。

(2) 活动内容：

① 确定该系统的整个方案和今后的工作。

② 编写最后报告。

③ 准备最后陈述与展示。

(3) 结果输出：

① 最终报告。

② 最后版本的演示幻灯片。

6.4 控 制 计 划

1. 总进度控制

(1) 项目会议：每周 1 次，以便及时取得进展信息和建议。

(2) 会议成员：项目负责人、系统设计师、各区块负责人以及相关工程师。

(3) 会议议程：

① 前一周所完成的工作。

② 问题探讨。

③ 项目管理更新(时间、方向、合作等)。

④ 明确下一步工作。

2. 时间控制

(1) 开始日期：2015 年 8 月 16 日。

(2) 结束日期：2016 年 8 月 1 日—2016 年 8 月 15 日。

(3) 时间表：

① 提供最终报告：2016 年 8 月 1 日—2016 年 8 月 15 日。

② 最终展示：2016 年 8 月 1 日—2016 年 8 月 15 日。

(4) 每一阶段的持续时间(阶段信息详见 6.3 阶段计划)。

① 初始化阶段：2015 年 8 月 16 日—2015 年 9 月 1 日。

② 定义阶段：2015 年 9 月 2 日—2015 年 10 月 15 日。

③ 设计阶段：2015 年 10 月 16 日—2016 年 1 月 30 日。

④ 实现阶段：2016 年 2 月 15 日—2016 年 5 月 30 日。

⑤ 评估阶段：2016 年 6 月 1 日—2016 年 7 月 15 日。

⑥ 后续阶段：2016 年 7 月 16 日—2016 年 8 月 31 日。

表 6-2 为进度控制图(Control Schedule)，分别描述了初始计划期限、根据控制计划的项目期限和项目其余部分的时间调整表。

3. 经费预算

(1) 经费收入：公司和研究团队所在高校的项目预算，共 40000 欧元。

(2) 经费支出预算：

① 博士与硕士的劳务支出(22 000 欧元/年，共一年)。

② 设备：计算机(2000 欧元)、电视(600 欧元)、图形卡(400 欧元)。实验平台为团队所在高校所拥有，可以无偿使用。

③ 信息费支出：5000 欧元。

④ 调研及差旅支出：5000 欧元。

⑤ 其他支出：5000 欧元。

(3) 项目经济效益预估：对于市场上针对不同领域的同类软件进行调研，其年营业额在 2014 年达到 4 500 000 欧元。CityPlanning 与其相比具有更高的可视化能力且包含了雷达系统的仿真与评估。但同时 CityPlanning 的不足为光分析报告与我们所调研的软件相比稍逊一筹。因此在对其目标市场进行评估之后，对于虚拟现实在现阶段的需求度评估 CityPlanning 应具备与以上软件一致的经济效益。

表 6-2　进度控制表/Control Schedule

时间\阶段	16.08. 2015	01.09. 2015	15.10. 2015	20.12. 2015	08.01. 2016	30.01. 2016	15.02. 2016	30.05. 2016	30.06. 2016	15.07. 2016	25.07. 2016	30.08. 2016
初始化阶段	▨	▨										
定义阶段		▨	▨									
设计阶段			▨	▨	■	■						
实现阶段					▨	▨		▨	■			
评估阶段										▨	■	
后续阶段										▨		▨
最初计划	▨											
实际执行	■											
计划修正												

4．质量控制

1) 对于项目进度的质量控制

(1) 每一阶段的产出都是 word 格式的文件与相应的幻灯片。文件包括：

① 系统需求解析说明书。

② 细节设计。

③ 最终报告。

④ 项目基线管理。

(2) 每周与主管的会议，从而保证正确的工作方向。

2) 对于系统程序的质量控制：

(1) 对于系统相应时间的要求：操作可以在用户发出请求后的 1 分钟完成。

(2) 地面覆盖区域的误差为 0.1%以内。

5．信息汇总

本项目最后形成以下文档：

(1) 关于系统架构的文档。

(2) 阶段性展示与汇报。

(3) 关于产品测试用例的测试文档。

(4) 软件代码。

(5) 性能分析报告。

(6) 最终报告。

(7) 演示。

6．项目小组组织架构

此部分为介绍项目小组成员的架构与背景信息，一般包括项目负责人以及各小组成员。建议在介绍的过程中按任务分配进行分组介绍，更利于职责明晰。本书中由于项目性质与个人隐私，暂不罗列所有项目成员信息。

6.5 风险分析

表 6-3 和表 6-4 分别列出了本项目的风险清单及对风险的管理。

表 6-3　风 险 清 单

风险因素	影响后果	发生几率	总评分	是否选择管理
计划延迟	2	2	4	√
项目目标变更	3	1	3	
项目需求变更	2	2	4	√
缺少合适的数据库资源	2	2	4	√
人员流动	2	1	3	
技术达不到预期的效果	3	2	4	√

影响后果：1 表示小，2 表示中，3 表示大。

发生几率：1 表示极小，2 表示时有发生，3 表示频繁发生。

表 6-4　风 险 管 理

风险因素	管 理 计 划	是否完成
计划延迟	·　完善时间计划，明晰截止日期，为整个项目准备一个月的机动时间 ·　为每个阶段配置机动时间 ·　有效的项目进度管理制度。如定期的会议	✔
项目需求变更	·　与总监的定期会议已确保正确的项目方向与活动 ·　对新加需求的评估，使其适合已有的系统	✔
缺少合适的数据库资源	·　与建筑学院以及其他学员的合作保证可及时得到帮助	✔
技术达不到预期的效果	·　在每一个方法定义之时多比较可行的技术，并先提出 2~3 个可行方案 ·　对每一个方法都需要准备 B 方案	✔

参 考 文 献

[1]　胡卫夕，胡腾飞. VR 革命：虚拟显示将如何改变我们的生活[M]. 北京：机械工业出版社，2016.

[2]　叶丹，蒋琤琤. DB 3301/T 0173—2016，工业产品设计服务规范[S]. 杭州：杭州市经信委，2016.

[3]　李世国，顾振宇. 交互设计[M]. 北京：水利水电出版社，2016.

[4]　刘向东. 虚拟现实[M]. 北京：清华大学出版社,2017.

[5]　Wanvik P O. Effects of road lighting: An analysis based on Dutch accident statistics 1987–2006[J]. Accident Analysis & Prevention, 2009, 41(1):123-8.

[6]　Autodesk 3DS Max[DB/OL], http://usa.autodesk.com/3ds-max/

[7　VisNet defense[DB/OL], http://www.scalable-networks.com/

[8]　Calculux[DB/OL], http://www.lighting.philips.com/main/connect/tools_literature/

[9]　Dialux[DB/OL], http://www.dial.de/CMS/English/Articles/DIALux/

[10]　Simon R.Saunders, Alejandro Aragon Zavala; Antenna and propagation for wireless communications, second edition, 2007.

[11]　Constantine A.Balanis, Antenna Theory: Analysis and Design, Fourth Edition，2016.

[12]　Wang W B. Research of Traffic Safety Simulation Based on 3DS MAX[C]// International Conference on Computer Modeling and Simulation. IEEE, 2009:307-309.

[13]　Sakane S, Sato T, Kakikura M. Automatic planning of light source and camera placement for an active photometric stereo system[J]. Transactions of the Society of Instrument & Control Engineers, 1991, 26(10):1201-1208.

[14]　Sapumohotti C, Alias M Y, Ching H C, et al. Low cost network planning tool development using Google maps, SRTM data and MATLAB[C]// International Conference on Information NETWORKING. IEEE, 2011:13-18.

[15]　Moghadam M H, Mozayani N. A street lighting control system based on holonic structures and traffic system[C]// International Conference on

Computer Research and Development. IEEE, 2011:92-96.

[16]　Yang T, Zhou D, Song P, et al. Research of 3D Landscape Modeling Method[C]// International Conference on Multimedia Technology. IEEE, 2010:1-3.